아이의 오감을 깨워 주는

그림책
요리 놀이
102

그림책 요리 놀이 102

초판 1쇄 발행 2022년 4월 29일

지은이 | 이현주, 홍표선, 전영숙, 이은주, 이미영, 김광혜, 오은주
감수 | 김선규

발행인 | 최윤서
편집 | 김은아
디자인 | 김수경
마케팅 | 최수정
펴낸 곳 | ㈜교육과실천
도서문의 | 02-2264-7775
인쇄 | 031-945-6554 두성 P&L
일원화 구입처 | 031-407-6368 ㈜태양서적
등록 | 2020년 2월 3일 제2020-000024호
주소 | 서울특별시 중구 창경궁로 18-1 동림비즈센터 505호
ISBN 979-11-91724-12-7 (13370)

책값은 뒤표지에 있습니다.
저작권법에 따라 한국 내에서 보호를 받는 저작물이므로 무단 전재 및 복제를 금합니다.

아이의 오감을 깨워 주는

그림책
요리 놀이

102

이현주, 홍표선, 전영숙, 이은주
이미영, 김광혜, 오은주 지음 | 김선규 감수

추천의 글

옛날부터 아이들이 흠뻑 빠져 드는 놀이 중 하나가 요리였습니다. 모래로 밥을 짓고 나뭇잎에 붉은 벽돌 가루를 뿌려 김치를 만들고 풀을 뜯어 나물을 무치고 흙을 빚어 떡을 만들었습니다. 어른을 흉내 내는 소꿉놀이였지만 먹을 것이 부족했던 시절에는 상상의 밥상이 실제보다 더 다양한 요리로 풍성했습니다. 맛있는 상상으로 배를 채우고 함께 만드는 즐거움으로 마음을 채웠습니다.

요즘은 요리가 우리 아이들에게 더욱 가까워졌습니다. 소꿉놀이가 상상에 그쳤다면 요즘은 유치원과 학교 수업, 방과 후 활동이나 다양한 체험 활동에서 여러 가지 진짜 식재료로 음식을 만들어 보는 기회가 많아졌습니다. 옛날 한석봉의 어머니가 "나는 떡을 썰 테니 너는 글을 쓰거라" 했다면, 요즘 어머니는 "너는 떡을 썰어라. 나는 사진을 찍을 테니" 한다는 우스갯소리가 나올 정도입니다.

이렇듯 요리가 아이들에게 비중 있는 놀이가 되고 배우고 체험할 주제로 자리 잡은 까닭은 먹기 위한 행위를 넘어서는 창조적 활동이기 때문입니다. 음식을 만드는 과정은 수많은 배움이 녹아 있는 융합적 교육과정입니다.

요리는 아이들의 오감 발달을 촉진합니다. 여러 가지 재료를 준비하고 다듬고 조리하는 과정에서 시각, 촉각, 후각, 미각, 청각을 모두 동원하여야 합니다. 꽤나 섬세한 감각을 필요로 하기에 자연스럽게 오감이 발달합니다. 성장기 아이들에게 오감을 키우는 일은 평생을 살아갈 힘의 바탕을 만드는 일입니다. 감각의 발달은 감성의 발달을 돕고 풍부한 정서의 원천이 됩니다.

요리는 눈과 손의 협응력을 키워 주고 소근육의 발달을 돕습니다. 달걀 껍질 까기, 여러 가지 모양과 크기로 썰기, 밀가루 반죽해서 빚기 등의 활동은 눈과 손의 협응력을 키워 주고 정교한 소근육을 발달시킵니다. 사람의 지능은 눈과 손이 협응하여 무언가를 조작하는 과정에서 발달합니다.

요리는 자연스럽게 수학이나 과학과 가까워지게 합니다. 재료를 계량할 때, 음식을 익히는 동안 시간을 잴 때 수학의 기본적인 지식을 배우게 됩니다. 과학 실험 못지않게 다양한 물리, 화학 현상을 체험하게 됩니다. 물이 끓는 현상, 소금이나 설탕이 녹는 현상, 삼투압 현상 등 여러 가지 과학의 개념도 익힐 수 있습니다.

이 밖에도 요리로 배우지 못할 게 없다고 할 만큼 여러 가지를 얻을 수 있습니다. 재료를 다양하게 탐색해 보며 호기심과 창의력을 기를 수 있고, 여럿이 함께하며 소통과 협업 능력을 기를 수도 있습니다. 채소나 먹기 싫어하던 식재료와 친해지면서 편식을 교정하거나 예방하는 등 식습관 개선도 꾀할 수 있습니다.

많은 것을 얻을 수 있는 요리가 무엇보다 좋은 점은 즐거운 놀이로 함께 즐길 수 있다는 것입니다. 시중에 우리 아이들을 요리 놀이로 이끄는 그림책이 많이 나와 있지만, 이 책은 특별히 다양한 그림책을 가지고 유아 교육 현장에서 실제로 아이들과 함께 활동한 사례를 체계적으로 담아 엮었습니다.

요리 도구와 친해지게 하는 그림책, 계절에 따라 만날 수 있는 음식을 담은 그림책, 편식을 벗어나도록 돕는 그림책, 특별한 날에 먹는 음식에 대한 그림책으로 갈래를 지었습니다. 이를 놀이로 이끌기 위해 필요한 도구, 재료, 방법뿐 아니라, 도움이 될 만한 팁도 알려 줍니다. 실제로 놀이 활동을 하면서 일어난 일과 느낀 점을 정리하여 아이들이 어떤 생각과 느낌을 가질지 미리 그려 볼 수 있도록 도와줍니다.

이 책은 그림책을 풀어헤쳐 여러 가지 재료와 방법을 새롭게 버무린 맛있는 놀이 레시피입니다. 유아 교육 현장의 교사뿐 아니라 아이와 즐거운 요리 놀이를 하고 싶은 부모들에게 더없이 친절한 안내서가 될 것입니다. 이 책의 안내를 따라 우리 아이들과 함께 맛있는 요리 놀이의 세계로 행복한 여행을 떠나 보시기 바랍니다. 이토록 좋은 책을 유아 교육 현장에 선물해 준 저자들과 그리고 실제로 하는 모습을 보여 준 아이들, 모두 고맙습니다.

••• **최교진 / 세종특별자치시 교육감**

그림책은 아이들에게 행복하고 신비로운 세상을 만나게 해 주는 보물과 같습니다. 아이디어를 만들어 내도록 마법을 부리고 행복한 꿈을 꾸게 만드는 아이들의 소중한 친구지요. 아이들에게 꿈과 희망을 심어 주는 그림책을 활용하여 아이들이 할 수 있는 다양한 놀이와 요리 활동을 소개한 『그림책 요리 놀이 102』는 유아 교육 기관에서 근무하는 교사, 아이를 키우고 있는 부모, 아이의 성장과 발달에 관심이 있는 모든 이들에게 큰 도움이 될 것입니다.

'유아' 중심, '놀이' 중심인 2019 개정 누리과정이 시행되고 있는 이때, 다양한 놀이를 통해 아이들의 흥미를 유발하여 건강하게 성장할 수 있도록 이끌어 주는 안내서로 『그림책 요리 놀이 102』를 적극 추천합니다. 그림책과 함께하는 행복한 놀이 세상으로 여러분을 초대합니다.

• • • **최현주 / 인천재능대학교 유아교육과 교수**

요즘은 요리가 트렌드입니다. 음식이 그 사람을 알게 하는 하나의 도구이자 나를 표현하는 수단이 되고, 더 나아가 테라피(therapy)적인 요소를 포함한 우리의 음식 문화는 우리나라를 세계에 더 널리 알립니다. 굳이 트렌드를 말하지 않더라도, 자라나는 우리 아이들에게 음식은 특히 중요합니다. 누구나 그걸 알지만, 어떻게 놀이로 풀어 갈 것인가에 대한 고민은 극히 짧게 끝나곤 합니다.

이 책은 교사와 부모들의 그런 고민을 해결해 줍니다. 책의 차례에 나온 활동 제목만 봐도 놀이에 집중하며 질문하는 아이들의 웃음소리가 들리고, 놀이를 탐색하고 상상하며 또 다른 놀이로 재구성하는 교실의 모습이 마술처럼 그려집니다. 책 안에는 아이들이 더 알고 싶은 보물 같은 그림책, 예쁘고 기분 좋아지는 예술 놀이, 해보고 싶은 여러 가지 놀이와 먹고 싶은 요리가 가득합니다.

'대추 한 알이 붉어지고 둥글어지기 위해 견뎌 낸 고난의 시간'을 알고 있기에 책을 살펴보는 내내 즐겁고 행복했습니다. 고난의 시간을 견뎌 『그림책 요리 놀이 102』라는 결과물을 현장에 내놓기까지 수고해 주신 선생님들께 감사드리며, 이 책이 교육 현장에서 중요한 소통의 통로가 되길 기대합니다.

• • • **이경미 / 한국 국공립유치원 교원연합회 회장**

최근 유아에 대한 인성 함양과 성장 단계에 맞는 지식 학습의 중요성이 강조되는 가운데, 이 책은 유아 교육 현장에서 교사들이 아이들에게 실질적으로 펼칠 수 있는 재미있고 유익한 놀이 과정을 안내합니다. 그림책이라는 상상의 세계 속에서 요리를 중심으로 교사와 아이가 대화하고, 아이들의 꿈을 경청하며 다양한 놀이를 합니다.

　한국의 교육 현장에는 유아 교육과 양육에 전반적인 지식과 교양을 겸비한 유능한 유아 교사들이 풍부합니다. 이 책은 그런 교사들에게 학급을 좀 더 풍성하게 운영하는 하나의 지침으로 큰 도움을 줄 것이라고 생각합니다. 아이와 함께 나눌 수 있는 그림책, 요리, 놀이 등에 관심을 갖는 부모에게도 이 책을 추천합니다. 우리 아이에게 어떻게 상상력, 관찰력, 인성 등을 함양시킬 수 있을까 하는 고민을 한꺼번에 해결할 수 있을 것입니다.

● ● ● 김윤희 / 소명유치원 원장

　'그림책'이라는 단어만 봐도 두근두근 마음이 설레는데 '요리', '놀이'와 접목한 그림책이라니, 너무 반갑습니다. 이 책으로 교실마다 얼마나 즐거운 이야기들이 아이들의 재잘거림 속에서 꽃피울지 벌써부터 기대가 됩니다. 교실에서 아이들과 고소한 냄새를 풍기며 그림책 놀이 속으로 빠질 준비를 하는 선생님, 자녀와 함께 그림책으로 놀이 세상을 만들어 갈 부모들에게 32권의 그림책과 102가지 요리와 놀이는 행복한 경험으로 다가갈 것입니다. 음식 이야기가 담긴 그림책을 함께 읽으며 아이들과 풍요로운 음식의 세계를 실감해 보시길 바랍니다. 이 책을 접하는 모든 분들이 봄꽃처럼 활짝 웃음 지으시길 소망하며 추천드립니다.

● ● ● 정은주 / 옥계초등학교 병설 유치원 원감

하루에 세 번이나 감사한 마음으로 잊지 않고 하는 것이 있습니다. 바로 세 끼를 먹는 것입니다. 세 끼만 먹나요? 그 사이사이에 간식도 있습니다. 그렇게 우리는 돌아서면 먹고, 주로 먹고, 먹기 위해 산다고 말할 수 있을 정도지요. 그림책 또한 우리에게 아주 맛난 음식이 될 수 있습니다. 아이들과 함께 이 책에 소개된 그림책을 나누고 정성스레 준비된 요리 활동을 해본다면 그저 평범한 끼니도 잊지 못할 만찬이 되어 추억을 선물할 것입니다. 입으로 손으로 눈으로 귀로 온몸과 마음으로 먹는 특별한 음식으로 말이죠. 군침이 돕니다.

• • • 사이다 / 『고구마구마』, 『가래떡』, 『심장도둑』 작가

아이들의 혀에는 성인보다 1.3배가 많은 맛봉오리가 분포되어 있어 맛을 더 예민하게 느낀다고 합니다. 그런 아이들에게 영양가가 높으니 먹어야 한다거나, 먹고 나면 보상을 준다거나 하는 이야기로는 단발적인 식사 교육에 그치고 맙니다. 하지만 『그림책 요리 놀이 102』는 32권의 그림책마다 전인 교육을 이끌어 내는 완벽한 놀이 교육과정을 보여 줍니다. 유아 교육 전공자들이 엄선한 그림책으로 아이들의 관심을 끌고, 요리하고, 이를 확장한 오감 놀이를 하는 부분에서 무릎을 탁 칠 수밖에 없습니다. 『그림책 요리 놀이 102』 한 권으로 잘 놀고 나면 아이들의 식사 시간이 행복해지리라 확신합니다.

• • • 권민조 / 『몽돌 미역국』, 『할머니의 용궁 여행』 작가, 초등학교 교사

놀이는 아이들의 성장에 꼭 필요합니다. 아이들은 놀이를 통해 즐거움을 얻고, 사회성 등을 키웁니다. 그런데 어느 순간부터 아이들의 삶에서 놀이가 사라졌습니다. 아이들의 성장에 꼭 필요한 놀이를 아이들이 마음껏 즐기도록 해 주어야 할 때입니다. 이 책은 그림책을 통해 아이들에게 놀이의 즐거움을 선물합니다. 많은 분들이 이 책을 통해 아이들의 마음 밭에 큰 나무로 성장할 씨앗을 뿌리기를 바랍니다.

• • • 김준호 / 그림책사랑교사모임 운영자, 신길중학교 교사

유치원 교사들에게 놀이 중심의 수업은 어려운 숙제로 여겨질 때가 많습니다. 특히, 3년째 이어지고 있는 코로나 팬데믹 상황에서 예측 없이 확진되거나 자가 격리를 하는 아이들이 많아지면서 원격 수업을 하는 일이 벌어지니 더욱 마음이 무겁습니다. 이 책은 이런 상황에서도 독서하고 놀이를 하는 수업을 할 수 있도록 실질적인 도움을 줍니다. '그래, 그림책과 함께 놀아 보자. 가정에서도 유치원에서도 가능하겠다!' 하는 희망이 들게 합니다. 그림책 한 권만 있으면 아이들이 어느 곳에 있든 종일 놀게 만들 수 있는, 놀이 나침반이 되어 줍니다.

우리가 책에서 인생의 해답을 찾는 것처럼 놀이 수업의 고민도 그림책에서 해답을 찾아보는 건 어떨까 싶습니다. 이 책은 그림책 속에 숨은 놀이를 찾는 재미가 아주 쏠쏠한 책입니다. 이 책의 저자들은 꽤 놀 줄 아는 교사들이 아닐까, 혹은 꽤 놀아 본 교사들이 아닐까 즐겁게 짐작해 봅니다. 놀이의 길을 더 넓혀 가길 희망하는 교사와 부모들에게 적극 추천합니다.

• • • **하형신 / 청라유치원 교사**

아이들이 너무나 좋아하는 그림책과 요리, 두 친구가 짝을 맺었네요. 그림책과 요리, 그림책과 부엌, 그림책과 음식… 이렇게 두 단어가 함께 만난 것만으로도 왠지 흥미가 생기고 미소를 짓게 됩니다. 이 책은 음식 이야기가 담긴 맛있는 그림책과 흥미롭고 건강한 레시피, 재미있는 놀이를 소개합니다. 아이들은 그림책을 읽으며 생각과 상상이라는 저마다의 멋진 재료를 충전하고, 다양한 요리와 놀이로 마음껏 표현할 것입니다.

아이들과 함께 맛있는 그림책 여행을 떠나고 싶은 교사와 부모에게 이 책을 추천합니다. 그림책을 읽으며 피어난 행복한 감정이 요리하는 손끝에, 놀이하는 온몸에 전해질 것입니다. 『그림책 요리 놀이 102』를 통해 아이들에게 그림책과 요리의 기쁨을 선물하는 어른들도 함께 즐거울 것입니다.

• • • **김남행 / 세종가온유치원 교사**

차례

추천의 글

들어가며 / 그림책과 놀자! 16

1부 / 요리 도구들과 친구 되기

1. 부엌으로 떠나는 모험 여행 - 『깊은 밤 부엌에서』 27
부엌에서 쿠키를 만들어요 29
- 숟가락으로 무엇을 할 수 있을까? 30
- 내가 만약 우유병 속에 들어간다면? 32

2. 함께여도, 혼자여도 좋은 젓가락 친구 - 『젓가락 짝꿍』 35
젓가락에 꽂아 볼까, 웰빙 건감 꼬치 37
- 다 함께 젓가락 연주, 젓가락 탑 쌓기 38
- 젓가락으로 완성하는 푸드 아트 40

3. 손으로 반죽을 조물조물 - 『주무르고 늘리고』 43
손으로 조물조물, 내 마음대로 쿠키 45
- 점토로 만드는 짧은 동화 46
- 하얀 밀가루가 내려요 48

4. 둥글둥글 프라이팬 - 『구리와 구라의 빵 만들기』 51
단호박 프라이팬 속에 달걀찜 53
- 프라이팬 코인 티슈 놀이 54
- 달걀 기차는 요리 도구를 싣고 56

5. 숟가락이 누구보다 잘하는 것 - 『숟가락』 59
끝까지 먹을 수 있는 과자 숟가락 61
- 숟가락 타고 슝슝~ 62
- 숟가락을 칭찬해 64

6. 전통 도구들의 잔치 - 『인절미 시집가는 날』 67
콩가루로 예쁘게 단장해요, 밥을 품은 콩가루 69
- 인절미와 총각무 혼례 장면 퍼즐 맞추기 70
- 숨어 있는 도구를 찾아라 72

2부 / 계절에 만나는 음식

1. 아름다운 봄날의 벚꽃 팝콘 - 『벚꽃 팝콘』 **77**

　톡톡 펑펑, 팝콘 벚꽃 나무 **79**

　　• 나는야, 벚꽃 팝콘! **80**　　• 휴지 벚꽃 나무 전시관 **82**

2. 감자가 친구를 만나면 - 『감자가 만났어』 **85**

　감자가 빵을 만나, 개구리 감자 샐러드 모닝빵 **87**

　　• 감자가 ○○을 만났어 **88**　　• 감자 도장 **90**

3. 한입의 시원함, 수박 - 『한입에 덥석』 **93**

　새콤달콤 시원한 수박 피자 **95**

　　• 수박 소고 마라카스 **96**　　• 수박 패턴을 만들자 **98**

4. 달팽이 걸음보다 아이스크림 걸음 - 『아이스크림 걸음!』 **101**

　더위야 물럿거라, 아이스크림 카나페 **103**

　　• 아이스크림 걸음으로 걸어 볼까? **104**　　• 새콤달콤 플레이콘 구슬 아이스크림 **106**

5. 달 샤베트는 어떤 맛일까? - 『달 샤베트』 **109**

　시원하게, 단호박 달 샤베트 **111**

　　• 달 샤베트 미션 놀이 **112**　　• 달님에게 빛을 다시 돌려줘 **114**

6. 쌀 한 톨에 담긴 농부의 땀 - 『모모모모』 117
  농부의 땀방울을 생각하며, 쌀 밤맘이 새참 119
  • 모모모모 윷놀이 120   • 벼의 한살이를 몸으로 표현해요 122

7. 빨갛게 대추가 익었어요 - 『대추 한 알』 125
  태풍과 땡볕을 이겨 낸 맛, 달콤 바삭 대추 과자 127
  • 우리들이 함께 만든 대추나무 128   • 대추 한 알 속에 숨은 천둥과 비 130

8. 풍요로운 가을에 사과가 - 『사과가 쿵!』 133
  사과 나뭇잎이 달린 식빵 나무 135
  • 한걸음, 사과가 쿵! 표지판을 따라서 136   • 우리들이 만든 커다란 사과 섬 138

9. 모두 다 고구마구마! - 『고구마구마』 141
  고구마 꽃이 피었습니다 143
  • 고구마구마 자랑 전시관 144   • 나처럼 해봐요, '~구마' 놀이 146

10. 감귤 기차 타고 눈 속을 달려 - 『감귤 기차』 149
  새콤달콤 감귤 청으로 만든 감귤 에이드 151
  • 칙칙폭폭 감귤 기차 놀이 152   • 재미있는 귤껍질 놀이 154

3부 / 골고루 냠냠, 건강 쑥쑥!

1. 편식은 이제 그만! - 『난 토마토 절대 안 먹어』 **159**

    토마토 소스를 발라, 한입 쏙 바게트 피자 **161**

    • 새로운 이름으로 부르며 놀아요 **162**   • 내가 직접 키운 채소로 만들어요 **164**

2. 동글동글 콩의 변신 - 『콩 풋콩 콩나물』 **167**

    콩의 맛있는 변신, 두부 콩나물 전 **169**

    • 삶은 콩으로 메주 만들기 **170**   • 콩나물로 꾸미는 푸드 아트 **172**

3. 채소들의 건강 달리기 대회 - 『채소가 최고야』 **175**

    내가 제일 맛있어, 아삭아삭 나박김치 **177**

    • 채소들의 달리기 올림픽 **178**   • 콩 글자 놀이와 채소 푸드 아트 **180**

4. 보글보글 된장찌개를 끓이자 - 『된장찌개』 **183**

    된장찌개만큼 맛있는, 된장 수프 **185**

    • 된장찌개 캐치볼 **186**   • 된장찌개 기차 여행 **188**

5. 골고루 먹으니 맛있고, 함께 먹으니 즐겁고 - 『여우비빔밥』 **191**

    모두 함께 넣어, 비빔밥 크로플 **193**

    • 점토 비빔밥 뷔페 **194**   • 비빔밥을 비벼! **196**

6. 구름이 되고 싶었던 콩은 무엇이 되었을까? - 『맛있는 구름 콩』 **199**

    색다른 두부 요리, 포두부 말이 **201**

    • 두부 깃발 쓰러뜨리기 **202**   • 콩으로 소리를 만들어요 **204**

7. 골라 먹는 재미가 있다 - 『초밥이 빙글빙글』 **207**

    어떤 초밥을 만들까? 오이 롤 초밥 **209**

    • 초밥 배달 갑니다~ **210**   • 빙글빙글 초밥 도미노 **212**

8. 밥을 잘 먹으면 멋진 왕자와 공주가 되지 - 『밥 한 그릇 뚝딱!』 **215**

    맛있는 밥 반찬, 바삭바삭 김 부각 **217**

    • 밥 한 그릇 뚝딱! 몸속 여행 **218**   • 우리들이 만든 바닷속 풍경 **220**

4부 / 특별한 날의 초대

1. 덕담 한 그릇 - 『떡국의 마음』 225

    알록달록 정성 담아, 오색 떡국 227

    • 떡국에 고명을 얹어라 228   • 떡국 주이소 230

2. 새롭게 시작하는 너에게 - 『마음먹기』 233

    마음이 버거울 땐, 마음 버거 235

    • 마음 스카프 놀이 236   • 알록달록 내 마음을 담아, 푸드 아트 238

3. 즐거운 소풍에 빠질 수 없지 - 『돌돌 말아 김밥』 241

    고사리 같은 손으로 돌돌 말아요, 꼬마 김밥 243

    • 김밥 싸서 소풍 가자 244   • 김밥 속 재료 모여라 246

4. 몸으로 만드는 피자 - 『아빠와 피자 놀이』 249

    쉽고 맛있게, 알록달록 또띠아 피자 251

    • 사랑이 담긴 피자 상자 252   • 늘리고, 문지르고, 구워요! 피자 놀이 254

5. 응원하고 축하하며 - 『케이크 파티』 257

    나에게 보내는 응원, 나만의 특별한 미니 케이크 259

    • 오늘은 내가 케이크 주인공 260   • 미래의 나에게 축하 파티를! 262

6. 탄생의 기쁨을 함께 나누는 마음 - 『몽돌 미역국』 265

    미역국 대신, 오돌오돌 미역 국수 267

    • 미끌미끌 미역아 놀자 268   • 함께 기억해! 몽돌 미역국 카드 270

7. 김장하는 날 - 『김치가 최고야』 273

    정성을 가득 담아, 아삭아삭 백김치 275

    • '김치야 놀아라'에 맞춰 어깨춤을 276   • 하나! 둘! 셋! 넷! 김치 이름 대기 278

8. 나온다, 나와! - 『가래떡』 281

    그냥 가래떡도 좋지만, 돌돌 말아 가래떡 283

    • 백업 가래떡 악기 연주 284   • 길쭉길쭉 구불텅구불텅 가래떡 체조 286

감수의 글 289

___
들어가며

그림책과 놀자!

유아기에 만나는 그림책은 마음 밭에 뿌리는 씨앗과 같습니다

'0세부터 100세까지 즐기는 그림책'이라는 말이 나올 만큼 이제 그림책은 아이부터 어른까지 전 세대를 아우릅니다. 그림과 글을 따라가며 마음껏 상상하고, 마치 나의 이야기인 양 위로받고 공감할 수 있는 그림책은 아이들뿐 아니라 어른에게도 넉넉하게 품을 내어 줍니다. 잘 짜인 이야기는 상상의 열매를 맺게 하는 좋은 거름이 되고, 아름다운 그림은 예술에 대한 눈과 마음을 열어 주기에 충분합니다. 한 권의 그림책과 나누는 아이들과 어른들의 다채로운 소통은 형형색색의 꽃처럼 아름답습니다.

특히 우리 아이들에게 좋은 글과 그림으로 깊은 울림을 줄 수 있는 그림책을 만나게 해 주는 일은 참 중요합니다. 어린 시절에 만나는 그림책은 마음 밭에 뿌리는 씨앗과 같습니다. 아이들은 그림책을 마주하는 순간 빛을 발합니다. 그림책 속으로 금세 빠져들어 몰입하고, 그림책이 건네는 이야기에 화답하듯 마음속 이야기를 재잘재잘 꺼내어 놓습니다. 그림책을 읽고 자신의 이야기를 풀어 내는 아이들의 모습은 평소와 사뭇 다른 공기의 흐름을 만듭니다.

꼬리에 꼬리를 무는 이야기로 아이들과 마음을 엮어 가는 그 시간이야말로 그림책을 온전히 만나는 시간입니다. 생기 가득한 아이들의 표정에서, 마음을 활짝 열고 관계를 꽃피우는 이야기 속에서 그림책의 힘을 느낄 수 있습니다.

그림책은 마음과 생각의 근육을 키우는 자양분이 되어 줍니다

아이들은 그림책을 통해 다양한 상황에 놓인 등장인물을 만납니다. 떼쓰는 아이, 외로운 아이, 친구와 관계가 힘든 아이, 화를 잘 내는 아이 등 나와 비슷한 또래들을 만나며 감정 이입을 합니다. 자기중심적인 사고가 강한 유아기의 아이들에게 그림책은 자신을 이해하고 타인의 감정을 헤아리며 배려할 수 있는 마음을 자연스럽게 키워 줍니다.

또 그림책은 아이들에게 생각의 근육을 키워 줍니다. 글과 그림을 촘촘하게 연결하다 보면 내용을 기억할 뿐만 아니라, 여러 생각들을 끄집어 내어 창의적인 생각에 가닿게 됩니다. 뻗어 가는 생각의 크기만큼 상상력의 세계가 넓어지는 놀라운 그림책의 세상을 경험하게 됩니다.

그림책은 반짝반짝 빛나는 보물이 가득한 세상입니다. 무서운 이야기는 두려움에 맞서는 용기와 지혜라는 보물을, 외롭고 슬픈 이야기는 마음을 열고 다가가는 너그러움이라는 보물을, 배꼽 빠지게 우스운 이야기는 재미와 즐거움이라는 보물을 선물합니다. 그림책에서 얻은 귀한 보물들은 아이들의 일상에 자연스럽게 스며들어, 더 넓은 세상을 만나고 성장하는 데 자양분이 되어 줍니다.

알면 통하는 그림책, 세상과 만나는 통로가 되도록!

그림책이라는 거대한 우주를 탐험하며 보물을 찾고 싶다면 자세히 봐야 합니다. 잘 만들어진 책 한 권이 세상에 나오는 일도 소중하지만, '그림책을 아이들과 어떻게 통하게 할 수 있을까?' 고민하는 것도 아이들의 성장을 책임지는 교사로서 우리가 해야 할 귀한 일입니다.

그림책은 글과 그림이 유기적으로 어우러져 현실과 상상 사이에서 세상과 만나는 통로, 마음을 나누는 통로가 됩니다. 글이 이야기를 끌고 가기도 하지만, 가끔 글로는 도저히 표현할 수 없는 어떤 세계를 그림으로 보여 주기도 합니다. 『대추 한 알』은 장석주 시인이 쓴 여덟 줄의 짧고 간결한 시가 유리 작가의 그림과 엮이면서 긴 여운을 주는 그림책으로 재탄생한 책입니다. 대추 한 알이 붉어지고 둥글어지기 위해 견뎌 낸 고난의 시간들과 땀 흘리며 수고한 농부의 모습이 잘 담긴 그림책은 큰 감동을 줍니다. 간결한 글과 음식 그림이 완벽한 조화를 이루는 자현 작가의 그림책 『마음먹기』는 또 어떤가요? 짧은 문장을 여운을 주는 깊은 생각으로 이끌며 그림의 맛이 어떤지를 흠뻑 느끼게 합니다.

'아는 만큼 보이고, 보이는 만큼 느끼며, 느끼는 만큼 담을 수 있다'는 말이 있습니다. 깊고도 넓은 그림책의 세계 역시 아는 만큼 더 잘 보입니다. 자세히 보고 오래 보면 더 좋은 그림책, 어떻게 그림책을 만나게 해 주면 우리 아이들이 그림책과 더 잘 통할 수 있을까요?

그림책은 표지, 면지, 속표지, 본문으로 구성된 멋진 집과 같습니다

어린 연령의 아이와 그림책을 읽을 때는 그림책 표지를 코로 킁킁 냄새 맡고 손으로 만지며 "안녕, 책 친구!" 하고 먼저 인사를 건넵니다. 어떤 그림책들은 의도적으로 만져 보게 만들어지는데, 지우 작가의 그림책 『때』는 표지를 손끝으로 만져 보아야 거칠거칠한 이태리 타올의 느낌을 충분히 알 수 있습니다.

그림책의 앞표지는 집의 대문과 같습니다. 대문을 보면 어떤 집인지 대강 짐작할 수 있고 누가 사는지 상상하게 됩니다. 때로 앞표지와 뒤표지가 하나로 연결되어 있는 책도 있는데, 그런 경우 앞표지와 뒤표지를 하나로 펼쳐 보여 주기를 해야 합니다. 김지안 작가의 『감귤 기차』는 뒤표지를 함께 펼쳐 봐야만 첫눈이 소복하게 내리는 날, 새하얀 눈밭에 감귤색 연기를 내뿜는 새콤달콤 감귤 기차가 달리는 모습을 온전히 만날 수 있습니다.

책 안으로 들어가기에 앞서, 표지를 보며 좀 더 머물러 볼까요? 표지 장면을 보고 어떤 이야기일지 상상하기, 오감으로 질문하기를 하며 아이들이 적극 그림책 속으로 다가

가게 합니다. 어떤 대답이 나오든 상상의 날개를 펼치고 있는 아이의 이야기에 귀 기울이며 맞장구를 쳐 주세요.

그림책의 표지를 열고 들어가면 바로 보이는 면지가 "잠깐! 나를 좀 봐주세요" 하며 손짓합니다. 면지부터 이야기가 시작되기도 하고, 면지에 본문의 암호를 풀 중요한 단서가 그려져 있기도 합니다. 『감귤 기차』 면지에는 감귤 껍질로 만든 다양한 모양들이 나오는데, 버려진 감귤 껍질이 특별한 놀잇감이 될 수 있다는 힌트를 줍니다. 김아인 작가의 그림책 『인절미 시집가는 날』에서는 앞 면지와 뒤 면지에 숨어 있는 우리 전통 부엌 살림을 찾아보면 무척 흥미진진합니다. 면지의 특별함을 알게 되면 그림책 읽기가 더욱 흥미로와집니다.

표지, 면지, 속표지라는 여러 개의 문을 열고 들어가면 드디어 본격적인 이야기가 글과 그림으로 펼쳐지는데, 이렇게 그림책을 읽어 줄 때는 바로 본문부터 읽지 않고 표지와 면지, 속표지라는 문을 잘 살피며 하나씩 열어 갑니다. 그림책 표지부터 본문까지 구성을 찬찬히 살피는 동안 아이들의 눈빛이 달라집니다. 본문만 읽었다면 보이지 않았을 것들이 눈에 쏙쏙 들어오면서 아이들은 그림책 세계로 더욱 빨려 들어가게 되지요.

음식으로 세상을 만나고 배울 수 있는 특별한 그림책들을 소개합니다

'밥이 보약이다', '밥 힘으로 산다'는 말이 있지요. 모든 것이 밥으로 통한다는 어른들의 말씀처럼 음식은 사람이 생명을 유지하는 필수 조건이자 살아가기 위한 원동력입니다. 음식이 지닌 맛과 향은 감각적인 즐거움을 주고, 정성 가득한 한 끼는 마음의 결핍을 채워 행복한 일상을 만들어 줍니다.

『밥상머리의 작은 기적』(SBS스페셜 제작팀, 리더스북)에서는 미래의 경쟁력이 밥상머리 교육에 있다고 강조하면서 하루 20분 가족 식사가 아이의 미래를 바꾼다고 합니다. 식사 중에 가장 많은 어휘를 배우며, 부엌을 최고의 학습 장소로 만들어 가족의 유대감을 키우면 작은 기적이 일어난다는 것이지요. 각종 미디어를 통해 음식 섭취에 대한 관심이 더욱 증가하면서, 요즘은 음식 문화가 생존의 의미를 뛰어넘어 자신을 표현하는 수단이 되기도 합니다. 또 음식을 매개로 이어지는 관계와 소통도 강조하는 경향을 보입니다.

수많은 그림책 작품들도 음식을 이야기합니다. 아이들의 입맛을 사로잡는 매력적인 음식들이 모티브로 등장하기도 하지요. 그림책으로 들어온 음식은 이야기를 이끄는 중심 소재로 문학적 역할을 톡톡히 해냅니다. 2020년 아스트리드 린드그렌 상을 수상한 백희나 작가의 작품에서도 음식은 먹는 행위를 뛰어넘어 서사의 플롯에 아주 중요한 역할을 담당합니다. 일상에서 누구나 먹어 보았을 빵, 샤베트, 알사탕, 요구르트가 등장하여 호기심을 자극하고, 독자를 환상의 세계로 초대합니다. 먹을 때마다 마음의 소리를 들을 수 있는『알사탕』과 나무에 걸린 구름으로 만든『구름빵』은 음식의 신비한 힘을 보여 주고, 환경의 소중함을 기발한 상상력으로 일깨워 주는『달 샤베트』에서도 달콤하고 시원한 음식의 세계가 펼쳐집니다.

- **1부 요리 도구들과 친구 되기**

음식을 만드는 부엌은 미각, 촉각, 청각 등 다양한 감각을 자극하는 공간이자, 저마다 다른 기능을 가진 다양한 도구들이 모여 있는 곳입니다. 모리스 샌닥의『깊은 밤 부엌에서』주인공 미키는 밤새 부엌에서 환상적인 모험을 하며 자신의 욕구를 해소하고 성장합니다.『숟가락』과『젓가락 짝꿍』은 식사 시간마다 접하는 숟가락과 젓가락의 쓰임새와 역할을 알려 주고, 저마다 갖고 있는 특별한 재능을 발견하고 행복해지는 방법에 대해 말해 줍니다. 짝꿍을 잃은 젓가락의 홀로서기를 응원하며 새로운 도전을 할 수 있는 용기도 줍니다.『구리와 구라의 빵 만들기』에서는 소꿉놀이하듯 프라이팬에 빵을 만들어 시이좋게 나눠 먹는 흥거운 이야기가 펼쳐집니다. 구리와 구라와 함께 누군가를 돕거나 베푸는 경험을 즐겁게 할 수 있습니다.

- **2부 계절에 만나는 음식**

봄부터 겨울까지 계절마다 만나는 그림책 속 음식들은 계절을 듬뿍 느끼게 할 뿐 아니라, 음식이 자연이 키우고 사람이 정성으로 만든 최고의 선물임을 일깨워 줍니다.『벚꽃 팝콘』과『달 샤베트』속에 표현된 음식들은 눈으로 볼 수도 있지만, 그 맛을 상상하는 즐거움을 더합니다.『모모모모모』는 쌀 한 톨이 날마다 먹는 밥이 되기까지 농부의 고된 노동을 간결한 언어 유희로 유쾌하게 풀어낸 그림책으로, 벼의 한살이와 쌀 한 톨에 담긴 수고를 즐겁게 이해할 수 있습니다. 『감귤 기차』는 달콤새콤 귤을 매개로 평범한 일상과 환상을 이어, 아이들의 호기심을 자극하고 아이들이 책 속에 빠져들도록 합니다.

- **3부 골고루 냠냠, 건강 쑥쑥!**

급격히 성장하는 유아기는 신체 기능이 충분히 유지되도록 적절한 영양을 공급해야 하는 시기로, 음식을 섭취하는 기본 생활 습관을 잘 다져야 합니다. 하지만 인스턴트 음식 문화에 익숙한 아이들은 싱싱한 채소 밥상 앞에서 입을 꼭 다물어 엄마들의 마음을 애태웁니다. 『채소가 최고야』는 "채소를 많이 먹어야 건강해진다"고 으름장을 놓지 않습니다. 채소들과 함께 달리고 응원하면서 아이들은 어느새 채소를 반갑고 재미있는 친구로 여기게 됩니다. 『난 토마토 절대 안 먹어』에서는 편식 대장 롤라의 식사 시간을 재미있는 놀이 시간으로 바꾸어 토마토를 먹게 하는 오빠 찰리의 지혜로움에 감탄하게 됩니다. 아이들 스스로 음식을 먹게 하는 게 어떤 것인지를 잘 보여 줍니다. 아이들이 하루 중 밥 먹는 시간을 가장 기다리게 되기를 바랍니다. 또 골고루 먹이려고 고군분투하는 부모들에게 재미있는 음식 이야기가 담긴 그림책들이 위로와 응원이 되기를 바랍니다.

- **4부 특별한 날의 초대**

사랑과 정성이 깃든 음식은 지친 몸과 마음을 회복시키는 힘이 있습니다. 특히, 명절이나 생일에 먹는 음식은 정성과 그 의미가 남다릅니다. 특별한 날에 만나는 음식들의 이야기를 그림책으로 읽으며 음식의 소중함과 그 속에 담긴 깊은 정성을 다시 한 번 느껴 봅니다. 『떡국의 마음』은 새해 떡국을 먹는 우리 문화와 떡국 한 그릇에 소중한 사람의 복을 바라는 덕담 이야기가 정성스럽게 담겨 있습니다. 『몽돌 미역국』의 유쾌하고 정감 넘치는 옛이야기는 미역국에 담긴 소중한 의미와 함께 나누는 따뜻한 이웃의 정을 느끼기에 충분합니다. 가족과 이웃들이 음식으로 하나가 되는 모습을 보여 주며, 더불어 살아가는 정겹고 따뜻한 우리 문화를 경험하도록 합니다.

음식 이야기가 담긴 그림책을 읽고, 요리하고, 놀이하고!

신기하게도 아이들에게 그림책을 소리 내어 읽어 주는 순간부터 놀이가 시작됩니다. 그림책 한 권으로 실컷 놀다 보면 아이들은 즐겁게 배우고 재미있게 발견하며 건강하게 성장합니다. 거꾸로, 잘 차려진 놀이는 아이들이 그림책을 더 좋아하게 합니다. 온몸의 감각을 열어서 재미있는 놀이와 만나는 순간 아이들은 그림책 친구에 매료되어 흠뻑 빠져 듭니다.

- **조물조물 요리하기**

아이들은 직접 보고, 만지고, 냄새 맡고, 맛보는 요리 놀이를 하며 오감이 발달합니다. 요리를 하며 음식 재료에 친숙해지기 때문에 특정 음식 재료에 대한 편견도 바뀔 수 있습니다. 또한 재료를 썰고, 자르고, 도구를 사용하는 활동을 하며 소근육이 발달합니다. 껍질 벗기기, 재료 얼리기, 가열하기 등 요리 재료를 탐색하고 음식의 변화 과정을 경험하면서 과학적 탐구 능력이 향상되고, 재료의 양, 익히는 시간, 요리 양 등을 가늠해 보며 수학적 개념이 생깁니다. 재료들의 이름과 모양을 알고, 직접 만든 음식을 먹어 보고 맛을 표현해 보면서 언어 능력도 발달합니다. 무엇보다 요리 놀이를 통해 아이들은 사회성이 발달합니다. 요리 계획부터 정리까지 모든 활동을 수행하는 동안 소극적인 성향의 아이들도 적극 참여하는 모습을 보입니다. 청결 유지, 차례 기다리기, 사이좋게 음식 나누어 먹기 등 타인을 존중하고 배려하는 식사 예절도 배우게 됩니다.

- **상상력을 키우는 말놀이**

그림책은 상상력을 자극하는 말놀이가 가득한 창고입니다. 그림책 『고구마구마』는 친숙한 고구마의 생김새를 유쾌하고 재미있는 '~구마' 화법으로 표현해, 즐거움과 함께 리듬감을 경험하게 합니다. 그림책을 읽고, 친구들에게 평소 들려주고 싶은 말이나 칭찬을 노래와 구음으로 표현하는 '~구마 놀이'로 아이들의 마음을 더욱 빛나게 해 줍니다. 『가래떡』에 나오는 의성어와 의태어도 아이들의 흥을 돋굽니다. 그림책을 함께 보고, 리듬에 맞춰 가래떡의 모습을 몸으로 표현하는 놀이를 하며, 아이들은 다양한 어휘를 경험하고 말의 재미를 느끼게 됩니다.

- **규칙을 배우는 수·조작 놀이**

  그림책 『모모모모모』를 읽고 나서, 우리나라 전통 놀이인 윷놀이에 그림책 스토리를 담아 보드 게임처럼 놀이해 봅니다. 놀이를 하며 벼의 한살이 과정을 쉽게 이해하고, '모'가 무엇인지도 즐겁게 알게 됩니다. 『몽돌 미역국』을 읽고 다 함께 기억 카드 놀이도 해봅니다. 모두가 머리를 맞대고 기억을 더듬어, 맛있는 미역국을 완성하기 위해 재료를 찾는 놀이입니다. 기다리고 규칙을 지키는 과정에서, 생각이 달라서 생기는 작은 다툼 속에서, 양보와 협동을 배우고 공동체 의식을 기를 수 있습니다. 카드 놀이의 규칙을 의논하여 새로 만들거나, 내가 넣고 싶은 재료를 그림으로 그려 카드를 추가하도록 하면 아이들의 자발적 참여와 흥미를 높일 수 있습니다.

- **신명 나는 전래 놀이**

  '떡국 주이소' 놀이는 '덩덩 궁덕궁' 휘모리 장단에 맞춰 떡국을 사 먹으려는 손님과 주인이 주거니 받거니 하는 집단 놀이입니다. 『떡국의 마음』을 읽고 쉽게 따라 부를 수 있는 주고받는 형식의 '떡국 주이소' 노래를 하면 아이들 사이에 상호 작용이 활발하게 이루어집니다. 즐겁게 놀이 활동에 참여하면서 아이들은 떡국이 만들어지는 과정과 설날에 덕담을 주고받으며 떡국을 먹는 우리 전통 문화를 쉽게 이해하게 됩니다. 또 『김치가 최고야』를 읽고, 전래 동요를 개사한 '김치야 놀아라'를 부르며 놀이해 봅니다. 선조들의 지혜가 담겨 있는 영양 만점 김치의 모양과 특징을 살려 흥겨운 전래 놀이로 즐겁게 놀다 보면, 김치를 싫어했던 아이들도 어느새 김치에 관심과 흥미를 갖고 친해집니다. 짧고 반복적인 가사와 리듬으로 메기기와 받기를 하며 언어적 즐거움을 느끼고 창의적인 움직임을 즐길 수 있습니다.

- **오감을 자극하는 푸드 놀이**

  음식 재료를 활용한 오감 놀이를 하며 아이들은 재료의 특성을 알고 감각의 다양성을 경험하며 상상력을 발휘하게 됩니다. 그림책 『주무르고 늘리고』를 읽고 밀가루 놀이를 해봅니다. 주변에서 쉽게 구할 수 있는 다양한 도구를 활용해 오감으로 충분히 즐기며 밀가루를 만나 봅니다. 그림책 『콩 풋콩 콩나물』, 『맛있는 구름 콩』, 『몽돌 미역국』의

콩과 두부, 미역은 호기심과 상상력이 꿈틀거리는 아이들이 오감 놀이를 하기에 최고의 재료입니다. 먹기만 했던 음식 재료를 냄새 맡기, 손으로 만지기, 가위로 자르기, 밀대로 밀거나 찧기 등 다양한 방법으로 탐색하며 아이들은 음식 재료에 애착을 갖게 됩니다. 편식 지도에도 긍정적인 영향을 미치게 되지요. 그림책『마음먹기』를 읽고 다양한 음식 재료를 탐색하며 시시각각 변하는 마음을 표현하는 활동도 해봅니다. 독창적이고 자유로운 상상을 하며 아이들은 알록달록 마음 여행을 떠나게 됩니다.

- **창의력이 톡톡, 예술 경험 놀이**

누가 가르쳐 주지 않아도 세상 모든 아이들은 꼬마 예술가로 놀이를 즐깁니다. 아이들의 상상을 따라가면 끈 하나, 종이 하나도 예술이 됩니다. 그림책『젓가락 짝꿍』을 읽고, 젓가락을 활용하여 간단한 소리와 리듬을 만들며 악기 놀이를 해봅니다. 『구리와 구라의 빵 만들기』처럼 사인펜으로 색칠한 코인 티슈를 프라이팬에 넣고 물을 부어, 커다랗게 변하는 코인 티슈를 이용해 창의적 미술 놀이도 합니다. 이때 저마다의 방법으로 느낌과 생각을 자유롭게 표현하고 즐길 수 있도록 존중해 주는 것이 중요하겠지요. 『아이스크림 걸음!』의 면지에 나오는 다양한 아이스크림 그림을 보고, 자신만의 걸음으로 움직임을 자유롭게 표현하면서 창의력과 신체 운동 능력을 향상시킬 수도 있습니다. 세상에 이렇게 달콤하고 재미있는 아이스크림 걸음이 또 어디에 있을까요?

"계획한 교사는 당황하고, 상상한 교사는 즐긴다"는 말이 있습니다. 저희가 펼친 상상과 재미가 가득 담긴『그림책 요리 놀이 102』의 씨앗이 아이들의 마음속에 날아가, 예쁘게 싹트고 꽃피우기를 소망해 봅니다. 다양한 요리와 놀이로 차린 건강하고 재미있는 그림책 밥상, 이제 맛있게 먹어 볼까요?

1부
요리 도구들과 친구 되기

부엌으로 떠나는 모험 여행

'쾅! 쾅! 쿵쿵!' 요란한 소리에 미키는 잠이 깹니다. 이 요란한 소리는 어디서 들리는 걸까요? 바로 부엌에서 들리는 소리입니다. 모두가 잠든 깊은 밤 부엌에서 어떤 일이 벌어지고 있는 것일까요? 호기심을 가득 안고 아이들과 그림책을 한 장 한 장 넘겨 봅니다.

빵을 만드는 사람들의 유쾌함과 다양한 도구들의 분주함을 느끼며, 우리도 우유병 속으로 모험을 떠나는 상상 여행에 푹 빠져들게 됩니다. 현실에서 겪어 보지 못한 경험들을 '깊은 밤 부엌에서' 다채롭게 만나면서 아이들은 억눌린 감정이 해소되고 마음이 정화되어 행복한 '나'를 만나게 됩니다.

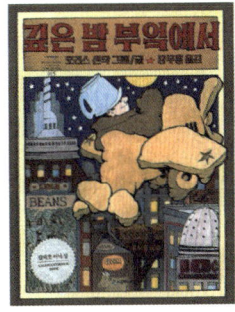

모리스 샌닥 글·그림
시공주니어

📖 그림책 펼치기

- 그림책을 소개하기 전에 『깊은 밤 부엌에서』라는 제목을 들려주며 상상해 본다.

  "깊은 밤 부엌에서 어떤 소리가 들릴까요?"

  - 쓱! 쓱! 쓱!, 달그락 달그락!, 챙! 챙! 챙!, 쨍그랑! 쨍그랑!, 덜컹덜컹!

  "여러분이 찾은 소리를 함께 내어 볼까요?"

- 그림책 앞표지를 보며 이야기 나눈다.

  "『깊은 밤 부엌에서』라는 제목 뒤에 어떤 일이 일어날지 상상해 볼까요?"

  "그림을 자세히 들여다볼까요? 무엇이 보이나요?"

  "아이는 지금 어디로 가고 있을까요?"

- 그림책을 감상한 후, 자신의 생각과 느낌을 자유롭게 말해 본다.

  "이 그림책을 보니 어떤 느낌이 드나요?"

  "어떤 장면이 가장 기억에 남았나요?"

  "빵을 만들 때 어떤 도구들이 나왔나요?"

  "내가 만약 미키라면 무엇을 하고 싶나요?"

- 그림책 뒤표지를 보며 이야기 나눈다.

  "미키의 표정을 살펴봐요. 미키는 어떤 기분일까요?"

  "미키에게 어떤 말을 해 주고 싶나요?"

오감이 열리는 읽어 주기 Tip

- 『깊은 밤 부엌에서』를 읽기 전에 먼저 그림책의 그림만 보여 주며, 아이들이 자유롭게 이야기를 상상해 보도록 한다.
- '반죽에 밀크를!'과 같이 반복되는 말은 노래를 부르듯 리듬감 있게 들려준다.
- 상상과 모험을 담은 이야기이므로 그림책을 읽어 줄 때 경쾌하면서도 상황에 따라 목소리의 고저를 달리하여 들려준다.

부엌에서 쿠키를 만들어요

바삭바삭한 쿠키를 부엌에서 만들어 보아요. 숟가락, 젓가락, 주걱 등 여러 도구로 반죽에 무늬를 내면 다양한 모양의 쿠키가 만들어진답니다. 쉿! 부엌에서 어떤 소리가 들릴까요?

요리 재료와 도구
- 쿠키 믹스 1봉(180g), 달걀 1개, 식용유 또는 녹인 버터 1T, 우유 1/3컵, 도구(숟가락, 주걱, 젓가락 등), 위생 장갑

요리 Tip
- 에어프라이어에 종이 포일을 깐 다음, 쿠키를 굽는다.
- 에어프라이어 대신 오븐이나 전자레인지에서 쿠키를 구울 수 있다.

1 볼에 쿠키 믹스 1봉과, 달걀 1개, 식용유나 녹인 버터, 우유 1/3컵을 넣는다.

2 숟가락과 주걱으로 섞어 보고, 어떤 도구가 가장 잘 섞이는지 말해 본다.

3 반죽으로 자신이 원하는 모양을 만든다.

4 도구를 사용하여 무늬를 만들고, 에어프라이어에 10분 동안 굽는다.

1부 / 요리 도구들과 친구 되기

숟가락으로 무엇을 할 수 있을까?

'반죽에 밀크를! 반죽에 밀크를!' 하며 반복하여 리듬감 있게 말하다 보면, 노래가 되고 또 다른 이야기가 만들어집니다. 반죽에 필요한 도구인 숟가락을 준비해서 다양한 방법으로 이야기를 더 재미있게 표현해 봅니다. 숟가락의 움직임이 이야기가 되고, 상상이 되고, 즐거움이 됩니다.

놀이 도구 숟가락(스테인리스 숟가락, 플라스틱 숟가락, 나무 숟가락 등)

놀이 즐기기

- 『깊은 밤 부엌에서』빵 가게 아저씨들이 밀크를 넣어 반죽을 하는 장면과 '반죽에 밀크를!' 하며 노래를 부르는 장면을 다시 한 번 살펴보며 이야기 나눈다.
  "빵 가게 아저씨들은 반죽에 밀크를 넣고 어떻게 했나요?"
  – 섞었어요, 휘저었어요.
- 스테인리스 숟가락, 플라스틱 숟가락, 나무 숟가락 중에 같은 종류의 숟가락 2개를 골라 표현해 본다.
  "숟가락으로 무엇을 할 수 있을까요?"
  "숟가락을 자유롭게 움직여 볼까요?"
  "숟가락으로 젓는 모습을 표현해 볼까요? 어떻게 저어 볼까요?"
- 아이들과 함께 '반죽에 밀크를!'이라는 제목으로 이야기를 만들어 보고, 이야기에 맞춰 숟가락으로 표현해 본다.
  ('반죽에 밀크를!' 이야기 예)
  반죽에 밀크를! 반죽에 밀크를! 숟가락을 흔들어! 숟가락을 흔들어!
  반죽에 밀크를! 반죽에 밀크를! 숟가락을 두드려! 숟가락을 두드려!
  반죽에 밀크를! 반죽에 밀크를!
  숟가락으로 저어! **빠르게**(천천히) 저어! 숟가락으로 저어! 세게(살살) 저어!

놀이 풍경

'반죽에 밀크를!'
숟가락으로 표현하자.

숟가락을 이렇게 흔들어야지!

숟가락을 두드려 보자!

숟가락으로 살살 저어 보자!

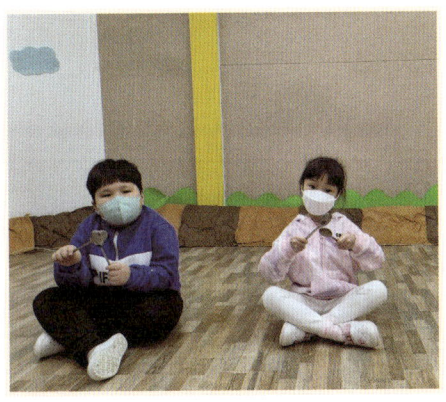

내가 만약 우유병 속에 들어간다면?

내가 만약 미키처럼 우유병 속에 들어간다면 어떨까요? 커다란 우유병 속에 들어가 있는 내 모습을 상상해 봅니다. 무엇이든 할 수 있는 상상의 세계에서 마음껏 놀다 보면 마음이 즐거워지고, 생각도 커지게 됩니다.

놀이 도구 마스킹 테이프, 우유병 그림, 사인펜, 색연필, 말 주머니 틀

놀이 즐기기

- 바닥에 마스킹 테이프로 큰 네모를 만든 뒤, 네모 테두리에 앉는다.
   "(네모를 보며) 무엇처럼 보이나요? '우유병'이라고 생각하고 우유병 속으로 들어가 볼까요?"
- '내가 만약 우유병 속에 들어간다면' 무엇을 하고 싶은지 상상하고, 몸으로 표현해 본다.
   "우유병 안에 들어가 보니 기분이 어떤가요?"
   "우유병 안에서 헤엄쳐 봅시다. 또 무엇을 하고 싶나요?"
   - 목욕하고 싶어요! 실컷 먹을 거예요!
- 우유병 그림을 살펴보고, 우유병 속에 들어간 나의 모습을 상상해 보면서 그림이나 글로 표현한다.
- 우유병 속에 들어간 나의 모습을 친구들에게 소개한다.
   - 나는 지금 우유병 속에서 잠수함을 타고 있어!
   - 나는 이곳에서 딸기를 숟가락으로 으깨어 딸기 우유를 만들고 있어!

오감을 깨우는 놀이 Tip

- 교사가 우유병에 들어간 아이의 모습을 사진으로 촬영하면, 아이는 이 사진을 오려서 우유병 그림 속에 붙인 다음 자신이 하고 싶은 것을 그림으로 표현한다.

놀이 풍경

내가 우유병 안에 들어가다니!

나는 지금 우유병 안에서 헤엄치고 있어!

우유병 안에 있는 나의 모습을 그림으로 표현했어!

사진으로 표현한 우유병 속 나의 모습이야!

1부 / 요리 도구들과 친구 되기

📖 놀이를 마무리하며

『깊은 밤 부엌에서』를 감상한 뒤, 아이들이 자유롭게 볼 수 있도록 그림책을 책꽂이에 꽂아 두었다. 아이들은 매일 도서방에 모여 앉아 그림을 보며 이야기를 만들고, '반죽에 밀크를! 반죽에 밀크를!' 장면이 나오면 노래처럼 흥얼거리며 춤을 추기도 하였다. 어떤 날은 소꿉놀이에 있는 숟가락을 가지고 와 반죽하는 흉내를 내기도 하였다.

아이들의 관심을 활동으로 연결하여 그림책 속에 나오는 '반죽에 밀크를!' 장면을 다시 들려주고, 반죽에 밀가루를 넣는 것, 반죽을 두드리고 젓는 것을 숟가락으로 표현해 보게 하였다. 처음에는 어떻게 표현해야 할지 몰라 바닥만 두드리거나 못하겠다고 가만히 있는 아이들도 있었다. 하지만 반복해서 이야기를 들려주며 숟가락으로 표현해 보도록 격려했더니, 아이들은 '반죽에 밀크를!' 장면에서 '밀크'가 흘러내리는 모습을 숟가락으로 표현하였다. 숟가락을 두드릴 때도 숟가락을 뒤집어서, 위로 올려서 등 다양한 방법으로 두드리며 놀이를 즐겼다.

내가 만약 우유병 속에 들어간다면 어떨지 상상하면서 우유병 속에 들어간 나의 모습을 몸으로 표현해 볼 때, 아이들은 실제로 우유병 속에 들어간 것처럼 눈을 동그랗게 뜨고 놀란 표정을 짓거나 양손을 들고 신나는 표정을 지으면서 신체 놀이에 적극적으로 참여하였다. 또 아이들은 우유의 특징을 살려 "우유는 미끄러우니까 우유 미끄럼틀을 탈 거야!", "마시기도 하고 수영도 하는 우유 수영장을 만들 거야!", "살이 안 찌는 우유를 만든 다음, 우유 배를 타고 아이들에게 나눠 줄 거야!" 하고 생각하지도 못한 기발한 아이디어를 내놓았다. 상상력을 키우는 놀이의 힘을 다시 한 번 느낄 수 있었다.

함께 읽으면 좋은 그림책

『괴물들이 사는 나라』 모리스 샌닥 글·그림, 시공주니어

『곰 사냥을 떠나자』 마이클 로젠 글, 헬린 옥슨버리 그림, 시공주니어

1-2

함께여도, 혼자여도 좋은
젓가락 친구

　함께하면 명콤비로 무슨 일이든 척척 해내는 젓가락! 묘기를 부리던 중 한쪽 젓가락이 부상을 입게 되었습니다. 친구가 다 나을 때까지 홀로 남겨진 젓가락이 홀로서기에 도전하며 자신감을 얻는 모습을 담은 그림책입니다.

　식사 시간마다 접하는 젓가락. 가정과 학급에서 젓가락질을 하기 어려워하는 아이들이 다양한 놀이를 하며 젓가락에 대해 호기심과 친근감을 갖고 젓가락

에이미 크루즈 로젠탈 글
스콧 매군 그림, 비룡소

을 올바르게 사용할 수 있도록 도와줍니다. 또 젓가락을 가지고 웰빙 꼬치를 만들고, 젓가락 연주, 젓가락 탑 쌓기, 젓가락 푸드 아트 놀이 등을 하며 단짝 친구에게만 의지하지 않고 스스로 자율성을 키울 수 있습니다.

📖 그림책 펼치기

- 눈알 스티커가 붙여진 젓가락으로 인형극을 보여 주며 이야기 나눈다.

    "얘들아 안녕, 나는 오른쪽 젓가락이야. 내가 무슨 일을 하는지 아니? (의자 뒤에 숨기며) 내 왼쪽 젓가락 보면 못 봤다고 말해 줘."

    "얘들아! 내 짝꿍인 오른쪽 젓가락 봤니? 난 떼려야 뗄 수 없는 내 짝꿍을 못 찾겠어."

    "나랑 똑같은 친구들이 그림책에 나온대. 같이 한번 살펴보자."

- 책 표지를 보며 이야기 나눈다.

    (앞표지를 살펴보며) "젓가락이 무엇을 하고 있나요? 표정은 어떤가요?"

    (뒤표지를 살펴보며) "포크, 숟가락, 거품기, 칼 친구들이 무슨 말을 하는 것 같아요?"

- 그림책을 읽으며 이야기 나눈다.

    (젓가락이 거품기에 옮겨지는 장면을 보며) "젓가락은 무슨 말을 할 것 같아요?"

    (둘이서 함께 새로운 일을 한 장면을 보며) "어떤 일을 함께 하고 있나요?"

- 그림책을 읽어 본 느낌에 대해 이야기 나눈다.

    "젓가락이 무엇을 하고 있었나요?"

    "젓가락은 다리가 왜 부러졌나요?"

    "젓가락은 혼자서 어떤 일을 했나요? 어떻게 용기를 얻을 수 있었나요?"

- 그림책을 가지고 어떤 놀이를 할 수 있을지 이야기 나눈다.

    "여러분이 젓가락이라면 어떤 신나는 놀이에 도전해 보고 싶나요?"

    - 우리 몸이 젓가락이 되어 신체 표현 놀이해요, 젓가락 피아노 연주해요, 북을 두드려요, 젓가락, 숟가락, 포크, 나이프 패턴 놀이 해요.

오감이 열리는 읽어 주기 Tip

- 젓가락이 부러졌을 때는 감정과 표정을 강조하고, 혼자 용기를 냈을 때는 공감하며 읽어 준다.
- 아이들과 대화를 하며 읽어 주면 몰입감이 더 상승한다.
- 마지막에 '젓가락 행진곡' 음악을 들려준다.

젓가락에 꽂아 볼까, 웰빙 건강 꼬치

그림책에서 젓가락이 혼자 할 수 있는 일에 도전하는 것처럼 우리도 젓가락 하나로 할 수 있는 것을 찾아보아요. 젓가락에 다양한 식재료를 한 줄로 끼워 꼬치를 만들어 봅니다. 아이들은 재료를 다듬고 끼우며 다양한 패턴을 만들어 냅니다.

요리 재료와 도구

- 나무젓가락 1벌, 아이들이 젓가락에 끼우고 싶은 재료, 케첩, 머스터드 소스

요리 Tip

- 아이들의 선호도에 따라 요리 재료, 끼우는 순서를 자유롭게 변형한다.
- 나무젓가락으로 친구들을 찌르거나 장난치지 않도록 안내한다.

1 건강 꼬치 요리에 필요한 재료를 준비한다.

2 젓가락에 끼우고 싶은 재료를 다양한 순서로 한 개씩 끼운다.

3 케첩을 뿌린다.

4 머스터드 소스를 뿌린다.

다 함께 젓가락 연주, 젓가락 탑 쌓기

그림책에서 젓가락들이 젓가락 행진곡을 연주하듯 재활용품을 다양하게 활용하여 멋진 젓가락 연주회를 열어 봅니다. 또 젓가락을 한 개씩 친구들과 나누어 가지며 젓가락 탑 쌓기를 하고 이름도 만들어 보세요. 젓가락 한 개만 있어도 아이들은 뭐든지 척척 해내는 만능 박사가 됩니다.

놀이 도구 젓가락, 재활용 빈 병, 빈 깡통, 분유통, 페트병, 물감

놀이 즐기기

<젓가락 악기 연주>

- 젓가락을 두드려 보며 이야기 나눈다.
  "젓가락으로 어떤 소리를 만들어 볼 수 있을까요?"
- 여러 가지 재활용 통에 물감과 물을 넣어 악기 통을 만든다.
  "물이 담긴 재활용 통을 두드리면 어떤 소리가 날까요?"
- 다양하게 만들어진 악기 통을 젓가락으로 두드리며 소리를 감상해 본다.
- 노래를 부르며 젓가락 악기 연주를 해본다.

<젓가락 탑 쌓기>

- 동그랗게 모여 앉는다.
- 젓가락을 한 개씩 나누어 가진다.
- 돌아가며 한 개씩 젓가락을 쌓아 탑을 만든다.
- 젓가락 탑의 이름을 지어 본다.

오감을 깨우는 놀이 Tip

- 아이들이 다양한 재료를 가지고 악기 연주를 할 때 음악을 틀어 주면 더 즐겁게 놀이할 수 있다.

놀이 풍경

빈 병에 물을 담고 두드려 보자!

랄랄라~ 신나는 악기 연주 놀이~

하나씩 천천히! 젓가락 탑 쌓자!

이번엔 내 순서야!

젓가락으로 완성하는 푸드 아트

가정에서 요리하고 남은 식재료나 급식 후식에서 남긴 재료를 그냥 버리면 쓰레기가 되지만, 젓가락이나 이쑤시개 하나로 새로운 푸드 아트를 탄생시킬 수 있습니다. 다양한 패턴을 만들며 재미있게 꾸며 보는 푸드 아트 놀이를 통해 아이들의 창의성이 쑥쑥 자라납니다.

놀이 도구 플라스틱 칼, 종이 접시, 남은 식재료들(소시지, 오이, 당근, 바나나 등), 이쑤시개 또는 젓가락

놀이 즐기기

- 남은 식재료(오이, 소시지, 당근, 바나나)를 살펴보며, 오감을 활용해 탐색한다.
  "만져 보니까 어떤 느낌이 드나요?"
  "어떤 향기가 나나요?"
  "먹어 보니까 어떤 맛이 나나요?"
- 남은 식재료들로 무엇을 만들지 이야기 나눈다.
  "식재료(오이, 소시지, 당근, 바나나)를 가지고 무엇을 만들 수 있을까요?"
- 이쑤시개, 플라스틱 칼, 종이 접시 등을 활용하여 자유롭게 만든다.
- 자유롭게 만든 작품의 제목을 지어 본다.
- 친구들에게 자신의 작품을 소개한다.

오감을 깨우는 놀이 Tip

- 아이들이 자유롭게 만들고 즐겁게 참여할 수 있도록 허용적인 분위기를 조성해 준다. 교사가 다양한 방법으로 만든 것을 제시할 수도 있다.
- 젓가락, 이쑤시개, 플라스틱 칼 등을 사용할 때 다치지 않도록 사전에 안전 지도를 한다.

놀이 풍경

젓가락 신호등!

분수대!

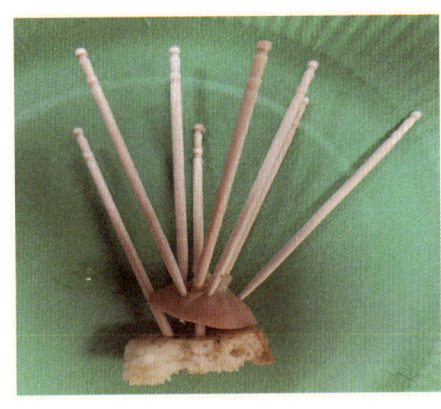

헬리콥터!

우주 비행선!

1부 / 요리 도구들과 친구 되기　41

📖 놀이를 마무리하며

그림책을 읽어 줄 때 아이들은 젓가락의 짝이 다치자 학급의 친구가 다친 것처럼 마음 아파했다. 그림책을 다 읽고 젓가락이 혼자 할 수 있는 일에 대해 물었을 때 아이들은 꼬치, 젓가락 연주, 패턴 놀이 등 다양한 생각들을 내놓았다.

가정에서 가져온 식재료들을 모으니 재료가 풍성해졌다. 아이들은 친구들에게 자기가 가져온 식재료를 나눠 주면서 자랑하였다. 자기만의 꼬치를 만들어 먹을 때는 "너의 건강 꼬치 이름은 토메파토(토마토, 메추리알, 파인애플, 토마토)야" 하며 서로 이름을 지어 주거나, 메추리알, 소시지를 번갈아 끼우며 패턴을 만들었다.

젓가락으로 악기 연주를 할 때는 다양한 물감으로 여러 가지 색깔의 물을 만들어 병에 넣고, 물 높이에 따라 소리가 달라지는 것을 발견하였다. 분유통의 앞뒤, 페트병 등을 두드리며 신나게 연주하고 노래까지 부르니 버스킹 공연을 벌이는 듯하였다.

젓가락 탑 쌓기를 할 때 한 개씩 천천히 쌓은 다음 이름 짓기를 하였는데 '토성집, 우주선 뾰족집, 사랑집' 등 다양한 이름이 나왔다. 다 같이 쌓은 탑의 최종 이름은 투표를 하여 사랑집으로 정했다. 사랑집에서 다시 하나씩 젓가락을 가져갈 때는 혹시나 흔들릴까 봐 모두가 숨을 죽여 가며 조심하였다. 젓가락 탑 쌓기 놀이가 끝나면, 젓가락 두 개 위에 구슬을 올린 다음 이동하는 놀이로 확장할 수 있다.

남은 식자재를 가지고 새롭게 푸드 아트로 탄생시키는 놀이에 도전하며 아이들은 자신감을 보였다. 신호등, 헬리콥터, 우주 비행선 등 재미있고 신기한 모양을 창의적으로 만들어 친구들과 교사에게 소개하였다.

함께 읽으면 좋은 그림책

『똑똑한 젓가락』 김경복, 홍영분 글, 시은경 그림, 한솔수북

『둘이 모여 하나』 양점열 글, 김지아 그림, 통큰세상

손으로 반죽을
조물조물

『주무르고 늘리고』에 나오는 아이를 따라가 볼까요? 아이는 말랑말랑한 반죽을 손으로 조물조물, 쭉쭉, 조심조심, 살랑살랑, 간질간질 만지면서 다양한 놀이를 합니다. 같이 잠도 자고, 쓰담쓰담 쓰다듬어 주고, 빤히 보며 뽀뽀도 '쪽! 쪽!' 그러다 보니 어느새 반죽과 친구가 되었네요! 말랑말랑하고 촉촉한 반죽을 마음껏 주무르며 놀이하는 것만큼 재미있는 일이 또 있을까요?

요시타케 신스케 글·그림
위즈덤하우스

이 책은 손으로 반죽하는 모습을 조물조물, 쭉쭉, 콕콕 등 다양한 의성어, 의태어로 표현하여 아이들의 흥미를 유발합니다. 반죽을 단순히 물체로 보는 것이 아니라, 다양한 촉감을 주는 친구처럼 표현하여 아이들의 상상력을 이끌어 냅니다.

📖 그림책 펼치기

- 볼에 있는 밀가루 반죽을 천으로 덮은 다음, 눈을 감고 만져 보면서 이야기 나눈다.

    "손으로 만져 봐요! 어떤 느낌이 드나요?"

    - 촉촉해요, 말랑거려요, 부드러워요.

- 그림책 앞표지를 보며 이야기 나눈다.

    "이 아이는 무엇을 하고 있을까요?"

    "여러분은 무엇을 주무르고 늘리고 싶나요?"

- 그림책을 감상한 뒤, 자신의 생각을 말해 본다.

    "어떤 말이 가장 재밌었나요?"

    "여러분은 어떤 반죽 놀이를 해보고 싶나요?"

    "반죽으로 무엇을 만들고 싶나요?"

    <아이들이 주고받은 이야기>

    - 나는 쭉쭉 늘릴 거야!

    - 나 반죽해 본 적 있어!

    - 나 수제비 만들어 본 적 있어!

    - 나는 주물주물하고 있어!

오감이 열리는 읽어 주기 Tip

- 그림책에 나오는 의성어, 의태어마다 목소리 음의 고조를 바꿔 가면서 들려주면 아이들이 더욱 집중할 수 있다.
- 의성어, 의태어가 나올 때마다 제스처를 정해, 말과 함께 행동을 하면 더욱 실감나게 구연할 수 있다.

손으로 조물조물, 내 마음대로 쿠키

밀가루가 맛있는 쿠키가 되기까지 그 과정이 궁금하지요? 포슬포슬 흩날리는 가루에서 찰진 반죽으로, 다시 바삭한 쿠키로! 지금부터 밀가루의 변신이 시작됩니다.

요리 재료와 도구

- 밀가루 250g, 설탕 90g, 무염 버터 100g, 베이킹파우더 1/2t, 소금 1/2t, 달걀 1개, 밀대, 모양 틀, 에어프라이어 또는 오븐

요리 Tip

- 버터를 실온에 30분 정도 꺼내 두어 미리 냉기를 빼 준다.

1 버터를 으깬다.

2 반죽을 한 다음 밀대로 밀어 평평하게 만든 뒤, 냉장고에서 40분 정도 숙성시킨다.

3 내가 원하는 모양 틀을 선택하여 쿠키 반죽에 모양을 찍는다.

4 에어프라이어의 조리 시간을 확인한 뒤, 쿠키 반죽을 넣고 굽는다.

점토로 만드는 짧은 동화

『주무르고 늘리고』를 감상한 뒤, 아이들과 점토로 놀이를 합니다. 그림책 속의 주인공처럼 주물주물, 간질간질, 쭉쭉, 쓰담쓰담 놀이하다 보면 '짜잔!' 내가 만든 점토도 하나의 작품이 됩니다. 아이들이 만든 작품 속에는 어떤 이야기가 들어 있을까요? 아이들은 점토로 구성한 것을 이야기와 연결시켜 보면서 상상력을 기르고, 다양한 언어 경험을 하게 됩니다. 아이들이 만든 '점토로 만든 이야기' 한번 들어 볼까요?

놀이 도구   점토, 점토판, 점토 도구, 종이 접시, 동화 적을 종이, 사인펜

놀이 즐기기

- 점토로 반죽 놀이를 해본다.
  "점토로 주무르고 늘리고 해봐요. 어떻게 되었나요?"
  "이번에는 어떻게 반죽해 보고 싶나요?"
  (반죽 놀이 예 : 주물주물 / 쭉쭉 / 간질간질 / 길쭉길쭉 / 쓰담쓰담)
- 점토 도구를 사용하여 점토로 구성물을 만든다.
  "무엇을 만들었나요?"
- 다 만든 점토 구성물을 종이 접시 위에 올린다.
- 내가 만든 점토 구성물을 살펴보고, 이야기를 만들어 본다.
- 자신이 지은 짧은 동화를 그림이나 글로 표현한다.
- 점토로 만든 짧은 동화를 친구들에게 소개한다.

오감을 깨우는 놀이 Tip
- 점토 외에 실제 밀가루 반죽이나 폼 클레이, 슬라임 등을 사용하여 놀이해 본다.
- 종이 접시 테두리를 꾸며 액자 만들기를 한다.

놀이 풍경

점토로 무엇을 만들까?

도구를 사용해 볼까?

너는 무엇을 만들었어?

점토로 만든 짧은 동화 완성!

하얀 밀가루가 내려요

　말랑말랑, 쫀득쫀득한 밀가루 반죽 놀이와 점토 놀이를 하던 중 몇몇 아이들이 "그런데 원래 밀가루는 '후' 불면 날아가!", "맞아! 점토도 가루가 되잖아!"라고 말합니다. '가루'라는 소리에 귀를 기울이며 관심을 갖게 된 아이들은 밀가루로 놀이하고 싶다고 합니다. 아이들이 좋아하는 하얀 눈처럼 고운 밀가루로 어떤 놀이를 할 수 있을까요? 마음대로 뿌리고, 즐겁게 놀이할 수 있는 밀가루 나라로 함께 떠나 볼까요?

놀이 도구　　밀가루, 흰 종이, 검정 종이, 딱풀

놀이 즐기기

- 밀가루를 살피고, 자유롭게 만져 본다.
  "밀가루를 만져 봐요. 어떤 느낌이 드나요?"
- 밀가루를 채에 걸러 흰 종이 위에 마음대로 뿌려 본다.
- 흰 종이 위에 뿌려진 밀가루에 손가락으로 그림을 그린다.
- 검정 종이에 딱풀로 자유롭게 그림을 그린다.
- 밀가루를 체에 받혀 검정 종이 위에 마음대로 뿌려 본다.
- 검정 종이 위에 뿌려진 밀가루를 털어 내고, 풀에 붙은 밀가루 그림을 살펴본다.
- 흰 종이에 뿌려진 밀가루 그림과 검정 종이 위에 뿌려진 밀가루 그림을 비교한다.
  "어떤 종이 위에 그려진 밀가루 그림이 더 잘 보일까요?"

오감을 깨우는 놀이 Tip

- 놀이가 끝나면 종이 위 밀가루를 그릇에 모으고, 분무기로 물을 뿌려 반죽을 만들어 놀이한다.
- 밀가루가 쉽게 날아가서 흩어지기 쉬우므로 김장 매트를 준비하여 그 안에서만 놀이하기로 사전에 약속을 한다.

놀이 풍경

와~ 밀가루 눈이다!

딱풀로도 그림이 그려진다!

밀가루 눈이 소복소복 쌓여요!

짜잔! 밀가루 그림 작품 완성!

📖 놀이를 마무리하며

『주무르고 늘리고』를 감상하고 밀가루로 놀이를 하던 중, "선생님! 밀가루에 물을 넣으면 밀가루 반죽이 되죠?", "밀가루 반죽 놀이를 하고 싶어요!" 하며 몇몇 아이들이 반죽 놀이를 제안하였다. 그래서 어떤 반죽 놀이를 할지 아이들과 협의한 결과, 그림책에 나오는 주인공처럼 '손에 돌돌 감기', '발로 꾹꾹 밟기' 등의 놀이를 하기로 했다. 아이들은 밀가루 반죽을 마음껏 만지면서 함께 정한 놀이 방법 외에도 밀가루 반죽을 글러브로 만들어 권투 놀이하기, 돌돌 말아 모자 만들기 등 다양한 방법으로 놀이하였다. 아이들이 놀이하는 모습을 보면서 다른 놀이들을 발견할 수 있어 기쁨이 배가 되었다. '아이들은 반죽 하나를 가지고도 정말 재밌게 노는구나!', '반죽으로 이렇게도 놀 수 있구나!' 내내 감탄하였다.

아이들은 가루 놀이, 반죽 놀이, 점토 구성 놀이 등 여러 가지 방법으로 놀이하면서 도구 사용에 따라 표현 방법이 다양하다는 것을 알게 된다. 또 반죽을 마음대로 만지고 만들어 보는 놀이를 경험하며 긍정적인 정서를 형성하게 된다.

그림책 속 주인공에게 반죽이 단순한 놀잇감이 아닌 친구가 된 것처럼 우리 아이들도 놀이와 친구가 되어 매일 놀이의 즐거움을 느끼며 성장하기를 바란다.

함께 읽으면 좋은 그림책

『애벌레 빵』 쓰보이 주리 글·그림, 상상의집

『달걀이랑 반죽이랑』 서영 글·그림, 책읽는곰

1-4

둥글둥글
프라이팬

구리와 구라 형제가 커다란 바구니를 들고 숲속으로 갑니다. 도토리를 줍다 발견한 알 하나! 알로 무엇을 할까요? 아주 맛있는 카스텔라 빵을 만들기로 합니다. 집에서 빵 만드는 도구를 가져와 숲에서 펼치는 카스텔라 빵 만들기! 드디어 완성된 빵 냄새를 맡고 숲속 동물들이 하나둘 구리와 구라 주변으로 몰려옵니다. 빵을 나누어 먹은 뒤, 구리와 구라는 남은 알 껍질을 이용해서 무엇을 했을까요? 집으로 가는데 딱 필요한 탈 것을 만들어 타고 갑니다.

나카가와 리에코 글, 오무라 유리코 그림
한림출판사

　프라이팬과 여러 가지 요리 도구를 이용해 알 하나로 모두 나눠 먹을 수 있는 빵을 만드는 모습에서 함께 공존하는 삶을 느낄 수 있습니다. 나에게서 우리로, 혼자가 아닌 함께 나아가는 세상! 상상만 해도 신나지 않나요?

📖 그림책 펼치기

- 실물 주방 도구를 자유롭게 탐색한 뒤, 이야기 나눈다.

    "내가 소개하고 싶은 주방 도구는 무엇인가요?"

    "주방 도구(프라이팬)의 짝꿍은 무엇일까요?"

    "이 주방 도구로 무엇을 할 수 있을까요?"

- 요리 도구에 대한 자신의 경험을 이야기 나눈다.

    "여러분은 어떤 요리 도구를 사용해 보았나요?"

- 그림책 앞표지를 보며 이야기 나눈다.

    "구리와 구라가 무엇을 하고 있나요?"

    "무엇으로 빵을 만들 것 같나요?"

- 그림책 이야기를 감상한다.

    "구리와 구라는 어떤 요리 도구를 사용했나요?"

    "알로 무엇을 할 수 있을까요? 여러분은 알 껍질로 무엇을 하고 싶나요?"

    <아이들이 주고받은 이야기>

    - 알은 삶아서 먹을 수 있어. 알로 굴리기 시합하고 싶어.

    - 나는 커다란 알을 삶아서 조금 딱딱해지면 그 위에서 미끄럼 타기를 하고 싶어.

    - 나는 구리랑 구라처럼 빵 만들어서 팔 거야.

- 빵을 만들어 다 함께 나눠 먹은 구리와 구라의 행동에 대해 자신의 생각을 말한다.

    "왜 구리와 구라는 빵을 만들었을까요?"

    "왜 동물 친구들에게 빵을 나누어 주었을까요?"

오감이 열리는 읽어 주기 Tip

- 아이들에게 익숙한 동요 '비행기' 음에 맞춰 구리와 구라의 대사를 읽는다.

    (예 : 우리들 이름은 구리와 구라 / 세상에서 제일 좋은 건 / 요리 만들기와 먹는 일 / 구리 구라, 구리 구라)

단호박 프라이팬 속에 달걀찜

단호박이 프라이팬으로 변신했어요! 치즈, 파프리카, 달걀이 단호박 속에서 하나의 요리가 됩니다. 전자레인지로 손쉽게 만들어 보면서 다양한 재료와 도구에 관심을 갖게 됩니다.

요리 재료와 도구

- 미니 단호박 1개, 달걀 1개, 모차렐라 치즈 100g, 파프리카 10g, 전자레인지, 숟가락, 도마, 플라스틱 칼

요리 Tip

- 단호박 크기에 따라 치즈의 양을 조절한다.
- 호박 속 재료는 아이의 기호에 따라 다양하게 추가할 수 있다.

1 미니 단호박을 전자레인지에 2분 돌린다.

2 호박 속을 파내고, 파프리카는 작게 자른다. 달걀과 치즈를 그릇에 담는다.

3 단호박 속에 치즈, 달걀, 파프리카 순서로 재료를 넣는다.

4 재료를 담은 단호박을 전자레인지에 2분 30초 돌린다.

프라이팬 코인 티슈 놀이

일회용 접시로 만든 프라이팬에 사인펜으로 색칠한 코인 티슈를 올려놓습니다. 물을 붓고 기다리면 코인 티슈가 어떻게 될까요? 프라이팬 속에서 커다란 카스텔라 빵을 만든 구리와 구라처럼 직접 만든 프라이팬 속에서 커다랗게 변하는 코인 티슈를 이용해 새로운 놀이를 해봅니다.

놀이 도구 일회용 플라스틱 접시(14cm), 하드 막대(폭 1cm), 양면테이프, 사인펜, 코인 티슈, 물, 도화지, 딱풀, 색연필, 가위

놀이 즐기기

- 얇은 하드 막대 끝을 일회용 플라스틱 접시 끝에 양면테이프로 붙여 프라이팬을 완성한다.
- 사인펜을 이용해 코인 티슈 위, 아래, 옆면을 색칠한다.
- 만든 프라이팬 위에 색칠한 코인 티슈를 올려놓는다.
- 코인 티슈가 반 잠길 정도로 물을 부은 다음, 노래를 부르면서 코인 티슈가 어떻게 변할지 예측해 본다. 아주 작은 코인 티슈가 크게 변하므로, 반대말 노래인 '맹꽁' 노래를 3번 부른다.

  (노래 : 작냐 맹꽁 크다 맹꽁 / 크냐 맹꽁 작다 맹꽁)

- 코인 티슈가 어떻게 변했는지 서로 이야기 나눈다.
- 코인 티슈를 햇볕에 말린다.
- 도화지에 그림을 그린 다음, 말린 코인 티슈를 다양한 방법(구기기, 찢기, 접기 등)으로 붙여 꾸미기를 한다.
- 도화지에 그린 그림을 색연필로 색칠한다.
- 자신의 작품에 제목을 지어 본다.

놀이 풍경

접시 프라이팬 완성!

코인 티슈를 사인펜으로 색칠해 보자.

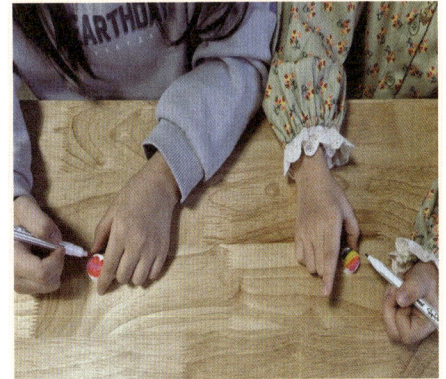

코인 티슈에 생긴 무늬가 신기해!

말린 코인 티슈로 완성한 작품!

달걀 기차는 요리 도구를 싣고

구리와 구라가 카스텔라를 만들 때 어떤 요리 도구가 나왔나요? 그림책 속의 요리 도구를 본 아이들이 "나도 요리하고 싶다!"고 말합니다. 달걀판 안에 숨어 있는 요리 도구 이름을 외치면서 달걀 캡슐로 만든 달걀 기차에 내가 찾은 요리 도구를 태워 봅니다.

놀이 도구 달걀판 2개(3*3), 달걀 캡슐 뚜껑 18개, 반원형 까슬이 18개, 반원형 보들이 18개, 요리 도구 그림, 폼폼이(1.5cm) 36개

놀이 즐기기

- 짝꿍과 달걀판을 하나씩 나누어 가진 다음, 그림책 속에 나온 요리 도구 그림을 달걀판에 넣는다.
- 달걀 캡슐 뚜껑을 달걀판에 있는 요리 도구 그림 위에 놓는다.
- 누가 먼저 할지 순서를 정한다.
- 첫 번째 아이가 자신의 달걀판에 있는 달걀 캡슐 뚜껑 한 개를 연다.
- 어떤 요리 도구가 나왔는지 살펴본 다음, 요리 도구 이름을 외친다.
- 요리 도구 이름을 맞히면 달걀 캡슐을 뒤집어 기차처럼 놓은 다음, 요리 도구 그림을 캡슐 안에 넣는다.
- 두 번째 아이도 같은 방법으로 한다.
- '칙칙폭폭' 구음에 맞춰 놀이 도구 이름을 말하며 기차 놀이를 한다.

오감을 깨우는 놀이 Tip
- 달걀 캡슐 뚜껑 왼쪽에는 까슬이, 오른쪽에는 보들이를 붙여 서로 연결되도록 한다.
- 달걀 캡슐이 세워질 수 있도록 너무 작은 폼폼이는 붙이지 않는다.

놀이 풍경

프라이팬은 여기! 앞치마는 여기!

달걀 캡슐 뚜껑을 덮자!

이건 프라이팬이야!

달걀 기차에 요리 도구 싣고 출발!

📖 놀이를 마무리하며

아이들은 그림책 속에 나오는 요리 도구 중 프라이팬에 가장 많은 관심을 보였다. "우리도 프라이팬으로 요리해요!" 말하는 아이들과 어떤 요리를 할지 고민했지만 아무래도 불을 사용하기가 쉽지 않을 듯하여 단호박이 프라이팬 역할을 하고 전자레인지에 익히는 요리를 하기로 정하였다. 아이들은 달걀과 채소, 치즈가 단호박 안에서 익는 모습을 보고, "와~ 진짜 익어!" 하며 신기해하였다. 또 채소와 호박을 싫어하던 아이들도 먹어 보겠다며 도전하는 모습을 보였다.

평소 소꿉놀이 프라이팬을 가지고 요리사 놀이를 즐기는 아이들과 함께 일회용 플라스틱 접시와 코인 티슈를 활용해 빵을 만들어 보는 활동은 어렵지 않았다. 동그란 코인 티슈가 물을 흡수하면서 타원형 모양으로 크기가 급격히 커지자 아이들의 관심이 집중되었다. 왜 이렇게 변했는지 원인을 찾기 위해 서로 이야기를 나누기도 하였다.

요리 도구에 관심이 커진 아이들과 함께 실제 달걀 껍질을 구해 요리 도구 맞추기 놀이를 하고 싶었지만, 달걀 껍질을 구하기가 쉽지 않았다. 대신 달걀 캡슐을 활용하였다. 달걀 캡슐이 등장하자 아이들은 "뽑기 할 때 나오는 거야" 외치며 자신들의 경험을 떠올렸다. 달걀 캡슐을 하나씩 열 때마다 긴장하며, 자신이 아는 요리 도구가 나오기를 바라면서 달걀 캡슐 뚜껑을 바로 열지 못하고 머뭇거리기도 하였다. 아는 요리 도구가 나오면 표정이 환해지면서 크게 "프라이팬!" 하고 외치는 모습에 절로 미소가 지어졌다. 완성된 달걀 기차에 요리 도구를 싣고 "칙칙폭폭" 외치는 아이들과 함께 어디로 가고 싶은지 이야기를 나누기도 하였다.

그림책 속에 나오는 요리 도구가 실험 도구가 되고, 이름 맞추기 놀잇감이 되기도 한다. 이런 놀이 경험을 통해 아이들은 다양한 요리 도구에 관심을 갖고, 놀이 도구로 활용할 새로운 방법을 제안하기도 한다.

함께 읽으면 좋은 그림책

『프라이팬 할아버지』 간자와 도시코 글, 호리우치 세이치 그림, 비룡소

『할머니의 식탁』 오게 모라 글·그림, 위즈덤하우스

1-5
숟가락이
누구보다 잘하는 것

『숟가락』이 주변 도구들인 젓가락, 포크, 칼의 기능을 부러워하고 자신을 초라하게 여기며 슬픔에 빠져 있습니다. 하지만 엄마의 도움으로 자신이 가진 능력을 긍정적으로 인식하고 소중하게 여기게 됩니다. 자신의 장점인 음식을 누구보다 잘 뜰 수 있는 것에 대해 행복과 감사한 마음을 가지면서 숟가락은 자신의 역할을 더 즐겁고 자신 있게 해낼 수 있게 됩니다.

에이미 크루즈 로젠탈 글
스콧 매군 그림, 지경사

그림책을 감상할 때 숟가락에게 할 수 있는 일들을 직접 알려 주게 하면, 아이들이 더욱 몰입하여 그림책을 살펴봅니다. 연계 활동으로 숟가락 탐색하기, 숟가락으로 사물 옮기기, 숟가락으로 변신하기, 숟가락을 다양하게 꾸며 인형극 하기, 그림책 속 숟가락처럼 친구의 장점 응원하기 등의 놀이를 해볼 수 있습니다.

📖 그림책 펼치기

- 숟가락과 관련된 수수께끼를 낸다.

    "나는 머리가 동그랗고 몸은 길쭉해. 사람들이 내 머리를 많이 사용하지. 나를 사용하면 편리하고 두 손이 깨끗해져! 나는 누굴까?"

- 숟가락을 살펴보며 이야기 나눈다.

    "숟가락을 만져 보니 어떤 느낌이 드나요? 두드려 보면 어떤 소리가 날까요?"

    "숟가락을 어떻게 사용하나요? 언제 사용하나요? 만약 숟가락이 없다면 어떨 것 같나요?"

- 그림책의 겉표지를 살펴보며 책 내용을 상상해 본다.

    "앞표지에서 숟가락의 표정은 어떤가요? 무슨 말을 하는 것 같아요?"

    "뒤표지에는 어떤 도구들이 보이나요? 이 도구들은 어떤 일을 할까요?"

- 그림책을 읽어 준다.

    "가족 모임에서 겉표지에서 만났던 숟가락을 함께 찾아볼까요?"

    "포크숟가락은 숟가락의 가족 모임에서 왜 떨어져 있을까요?"

- 그림책을 읽어 본 느낌에 대해 이야기를 나눈다.

    "숟가락을 보니 어떤 느낌이 들었나요?"

    "가장 기억에 남는 장면이 있나요?"

- 숟가락, 포크, 젓가락, 나이프의 장점을 몸과 말로 표현해 본다.

    "숟가락이 자신을 다른 도구들과 비교할 때 숟가락에게 어떤 말을 해 주고 싶나요?"

    "숟가락이 휘휘 저어 보는 모습을 어떻게 표현하면 좋을까요?"

    "숟가락이 머그잔에서 빙그르르 춤을 추는 모습을 어떻게 표현하면 좋을까요?"

    "포크는 어떤 일을 척척 잘하나요? 내 몸이 포크가 되어 움직여 볼까요?"

오감이 열리는 읽어 주기 Tip

- 숟가락의 표정, 모습 등을 자세하게 살펴보며 속상한 감정, 엄마가 따뜻하게 힘을 주는 어조를 살려 읽어 준다. 또 숟가락의 관점에서 대화를 해 가며 책을 들려준다.

끝까지 먹을 수 있는 과자 숟가락

과자 숟가락으로 음식을 떠먹어 볼까요? 숟가락 모양 과자에 다양한 재료들을 얹으며 요리하고, 맛보는 시간을 가져 보세요. 다양한 재료를 얹으며 아이들의 창의력이 샘솟습니다.

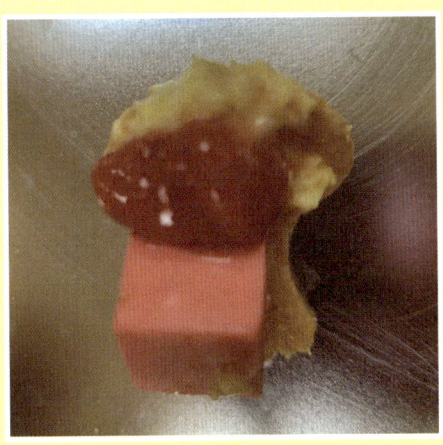

요리 재료와 도구

- 숟가락 모양 과자 1봉, 감자 샐러드 100g, 큐브 치즈 15개, 딸기잼 50g, 숟가락, 그릇

요리 Tip

- 아이들의 선호도에 따라 요리 재료, 순서를 자유롭게 바꿀 수 있다.

1 숟가락 요리에 필요한 재료를 준비한다.

2 숟가락 과자에 감자 샐러드를 담는다.

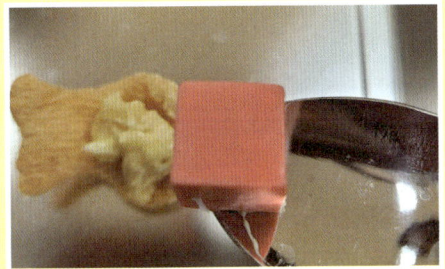

3 큐브 치즈를 올린다.

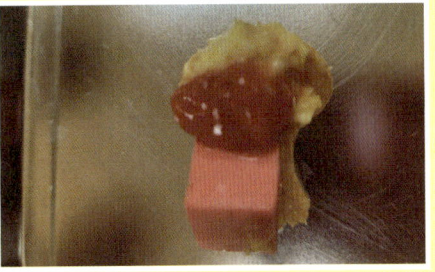

4 딸기잼을 올린다.

숟가락 타고 슝슝~

숟가락이 잘하는 일은 음식물을 덜어서 옮기는 일입니다. 아이들이 숟가락의 역할을 익힐 수 있도록 직접 음식을 옮겨 보고, 자신의 몸이 음식이 되어 움직여 보게 합니다. 도구의 소중함뿐 아니라 숟가락을 바르게 사용하는 방법도 알게 됩니다.

놀이 도구 숟가락, 나이프, 젓가락, 포크, 폼폼이, 바구니, 타이머, 시트지, 파라슈트, 종이 박스, 종이테이프, 매직

놀이 즐기기

- 숟가락과 폼폼이를 가지고 할 수 있는 놀이를 이야기 나눈다.
  "숟가락, 폼폼이, 바구니, 타이머를 가지고 어떤 놀이를 할 수 있을까요?"
  "어떻게 팀을 나누면 좋을까요? 어디에서 게임을 할까요? 시간은 어떻게 정할까요?"
- 아이들이 정한 방법으로 숟가락을 이용하여 시간 안에(3분 정도) 폼폼이를 옮긴다.
- 젓가락, 포크, 나이프 등으로 옮겨 보며 숟가락의 소중함을 인식할 수 있도록 한다.
- 파라슈트를 보여 주며 대형 숟가락이라고 소개한다.
  "파라슈트가 대형 숟가락이라면 우리 몸은 무엇이 될까요?"
- 시트지에 자신이 변신하고 싶은 음식을 적거나 그리고, 가슴에 붙인다.
- 파라슈트 숟가락 이동 놀이를 어디서, 어떻게 하면 좋을지 이야기 나눈다.
- 강당, 복도 등을 이용하여 차례를 지켜 가며 안전하게 이동 놀이를 한다.

오감을 깨우는 놀이 Tip
- 대형 파라슈트가 없으면 종이 박스 등을 활용하여 다양하게 놀이할 수 있다. 놀이 시간, 방법, 장소, 순서 등을 함께 정한 뒤 안전에 유의하여 놀도록 안내한다.

놀이 풍경

숟가락으로 조심조심! 한 개씩 천천히 옮겨 보자.

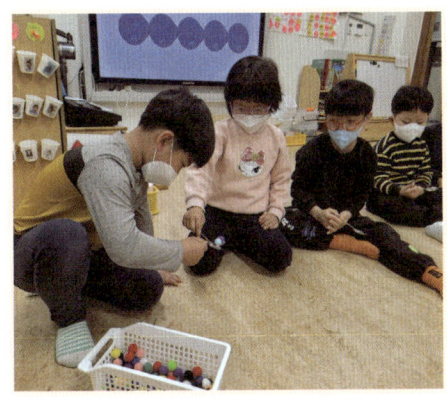

포크로도 옮겨 볼까?

대형 박스 숟가락으로 변신!

파라슈트 숟가락 타고 신나게 슝슝~

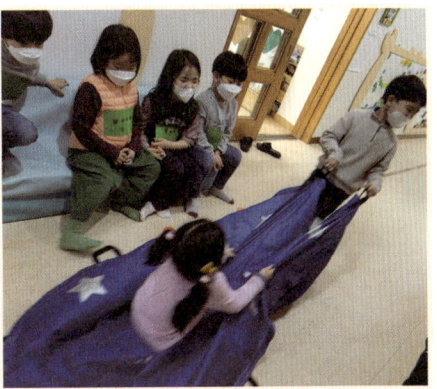

1부 / 요리 도구들과 친구 되기 63

숟가락을 칭찬해

아이들은 여러 가지 재료를 활용하여 숟가락 인형을 만들고, 친구들에게 어떻게 만들었는지 소개를 합니다. 또 친구들이 만든 숟가락을 가지고 자연스럽게 역할 놀이도 합니다. 숟가락 인형 역할 놀이 속에는 칭찬과 사랑이 많이 담겨 있습니다. 숟가락 인형 칭찬에서 그치지 않고 함께 있는 친구들의 장점을 칭찬하고 응원합니다.

놀이 도구 플라스틱 숟가락, 눈알 스티커, 모루, 점토, 도일리 페이퍼, 상장 용지, 칭찬 스티커, 매직

놀이 즐기기

<숟가락 인형 만들기>

- 그림책의 숟가락들을 살펴보며 숟가락 인형을 어떻게 만들지 이야기 나눠 본다.
- 숟가락 인형을 만들고, 숟가락 인형의 자랑거리에 대해 말해 본다.
  "안녕, 난 ○○ 숟가락이야. 얘들아 나는 뭘 잘하는지 모르겠어. 너희들이 내가 뭘 잘하는지 알려 주면 좋겠어."
- 숟가락 인형에게 칭찬 스티커를 붙여 주고 편지를 쓴다.
  "안녕? 나는 숟가락이야. 나에게 칭찬 스티커도 붙여 주고, 편지도 써 주어서 고마워."

<반 친구들의 칭찬 상장 만들기>

- 반 친구들의 장점을 한 명씩 이야기하며 컴퓨터에 적은 뒤 칭찬 용지를 출력한다.
- 이름 통에서 이름이 뽑힌 친구의 칭찬 용지를 가져온다.
- 칭찬 용지를 살펴보며 다양한 재료를 활용하여 친구의 칭찬 상장을 만든다.
- 칭찬 상장을 다 함께 보며 칭찬을 주고받은 느낌에 대해 이야기 나눈다.

놀이 풍경

숟가락 인형을 어떻게 꾸미지?

우리는 개성 만점 숟가락 친구들!

숟가락의 장점 칭찬하기!

친구 칭찬 상장!

📖 놀이를 마무리하며

　올바른 도구 사용 방법과 자신의 소중함을 알기 위해 선정한 『숟가락』 그림책! 역시나 아이들은 그림책을 읽고 놀이를 하니 숟가락의 역할과 기능에 대해 더욱 관심을 갖고, 각자가 가진 능력을 좀 더 소중하게 여기는 것 같았다.

　숟가락으로 폼폼이를 옮길 때 처음에는 한 개씩 옮기다가 점차 모둠끼리 힘을 모아 두세 개씩 모아서 옮겼다. 숟가락 외에 포크, 나이프, 젓가락으로 폼폼이를 옮겨 보기도 하였다. 아이들은 "역시 숟가락이 잘 담겨", "포크로 찍어서 담을 수도 있어", "나이프도 담기기는 하네", "젓가락이 힘들기는 하지만 재미있어" 말하며 즐거워하였다.

　파라슈트 숟가락 놀이를 하기 전에 아이들과 함께 대기석, 이동 거리, 질서 등 안전에 대한 약속을 만들었다. 그다음에 놀이를 진행하니 즐겁고 안전하게 놀이를 할 수 있었다. 파라슈트 외에 종이 박스를 숟가락으로 변신시켜 보는 놀이도 하였다.

　숟가락 칭찬 놀이를 위해 다양한 숟가락 인형을 만들 때 아이들은 무척 재미있어했다. "아빠는 키가 크니까 큰 숟가락으로 하자. 아기는 작은 숟가락에", "지금은 모두 잠을 자는 시간이에요" 하며 아이들은 다 함께 인형극에 귀 기울이고 빠져들었다.

　숟가락의 장점을 칭찬하는 글을 쓸 때 아이들은 "맛있는 음식을 떠서 먹을 수 있어서 고마워", "넌 최고로 멋진 도구야" 하며 칭찬하였다. 또 "포크, 나이프, 젓가락도 칭찬해요" 하며 종이에 도구 그림을 그리고, 칭찬할 점을 포스트잇에 써서 붙이기도 하였다.

　친구들 상장을 만들 때는 친구의 칭찬에 모두 귀를 기울이며 "○○는 급식을 남기지 않아요", "맞아요. 지구를 지키는 영웅이에요" 하고 덧붙였다. 서로 칭찬을 한 다음, 친구에게 주는 상장을 직접 만들었다. 칭찬 상장을 받은 친구와 주는 친구 모두 입가에 미소가 번지고 교실 안에는 따뜻한 기류가 흘렀다.

함께 읽으면 좋은 그림책

『숟가락이 손가락에게』 하종오 글, 이주미 그림, 현북스

『수크를 찾습니다』 김은재 글·그림, 책읽는곰

『세상에 하나뿐인 특별한 나』 모리 에도 글, 스기야마 가나요 그림, 주니어김영사

1-6
전통 도구들의 잔치

할머니가 집을 비운 사이 집에 있는 주방 도구들이 재미난 일을 찾기 시작합니다. 요리하자는 채반의 말에 주걱과 숟가락이 부엌 구석구석을 살피고 떡을 만들기로 결정합니다. 콩고물, 팥고물을 만들고 찰밥도 '쿵덕 쿵더덕 콩닥 콩다콩' 떡메로 치니 드디어 찰떡이 나왔습니다. 예쁘게 치장한 찰떡은 어여쁜 인절미가 되었고, 이제 인절미를 시집보내기로 합니다. 채반, 베 보자기, 절구, 맷돌, 키, 가마솥, 떡메 등이 다 함께 힘을 모아 인절미를 시집보낼 때는 왠지 마음이 뭉클합니다.

김아인 글·그림
국민서관

인절미가 만들어지는 과정에서 요즘은 쉽게 접하기 어려운 전통 부엌 도구들이 나옵니다. 과연 무엇을 하는 도구일지 궁금해집니다. 인절미 시집가는 모습을 흐뭇하게 바라보는 도구들의 그림 장면을 퍼즐로 맞추고, 먼지 속 달라진 풍경에 숨어 있는 도구들을 찾아보면서 인절미와 총각무의 잔칫날로 떠나 볼까요?

📖 그림책 펼치기

- 전통 도구(절구, 채반, 키, 떡메 등)의 실물을 제시한다.

  "이 도구의 이름은 무엇일까요?"

  "언제 사용하는 도구일까요?"

- 그림책의 앞표지를 보면서 이야기 나눈다.

  "무엇이 보이나요?"

  "주인공들이 무엇을 하고 있는 것 같나요?"

  "여러분은 전통 혼례를 본 적이 있나요?"

- 그림책 이야기를 감상한다.

  "어떤 부엌 도구들이 나왔나요?"

  "이 중 여러분은 어떤 부엌 도구들을 사용해 봤나요?"

  "왜 인절미와 총각무는 결혼을 했을까요?"

  "요즘 하는 결혼식과 무엇이 다를까요?"

  "인절미와 총각무는 그 뒤 어떻게 되었을까요?"

  "만약 여러분이 인절미(총각무)라면 누구와 결혼하고 싶나요?"

- '인절미와 총각김치' 노래를 감상한다.
- 노래를 부르며 동작으로 표현해 본다.

오감이 열리는 읽어 주기 Tip

- 책을 읽기 전에 콩고물, 팥고물 등을 제시해 탐색해 본다.
- 사전에 전통 혼례, 돌잡이에 나오는 물건을 살펴본다.
- 떡메 치는 장면을 읽어 줄 때 '쿵덕쿵 쿵덕쿵' 말을 하며, 신체로 표현해 본다.

콩가루로 예쁘게 단장해요, 밥을 품은 콩가루

우리가 매일 먹는 밥이 콩가루를 만났어요. 아이들은 "인절미처럼 밥도 콩고물로 화장을 했어" 말하며 즐겁게 맛을 봅니다. 고소한 맛의 밥은 아이들에게 또 하나의 별미가 됩니다.

요리 재료와 도구
- 밥 반 공기, 다진 소고기 볶은 것 30g, 콩가루 5T, 그릇, 위생 장갑, 접시

요리 Tip
- 콩가루를 많이 묻히면 먹을 때 기도로 들어갈 수 있으므로 적당량 묻힌다.
- 소고기는 간장 1T, 맛술 1T, 후추를 약간 넣고 볶는다.

1 그릇에 밥과 볶은 소고기를 넣는다. 재료는 취향에 따라 바꿀 수 있다.

2 재료를 잘 섞는다.

3 밥을 한 입 크기로 뭉쳐 동그랗게 만든다.

4 밥을 콩가루 위에 굴려 골고루 묻힌다.

인절미와 총각무 혼례 장면 퍼즐 맞추기

인절미와 총각무의 전통 혼례 그림을 이용해 만든 퍼즐로 재미있는 퍼즐 놀이를 해볼까요? 부분 그림을 이용해 전체를 완성하는 즐거움을 느끼며, 자연스럽게 옛 혼례 풍경과 전통 혼례 의상을 알게 됩니다.

놀이 도구　『인절미 시집가는 날』 앞표지 그림, 색깔 종이 접시(지름 13cm), 가위, 딱풀, 색연필

놀이 즐기기

- 그림책 앞표지에 있는 전통 혼례 장면을 살펴본다.
  "무엇을 하고 있나요? 어떤 부엌 도구들이 있나요?"
- 딱풀을 이용해 종이 접시에 앞표지 그림을 붙인다.
- 몇 조각의 퍼즐을 만들지 생각한다.
  "조각이 많거나 적으면 어떨 것 같나요?"
- 종이 접시 뒤쪽 가장자리를 따라 색연필로 선을 그린다.
- 가위로 선을 따라서 종이 접시를 오린다.
- 퍼즐 조각을 이용해 퍼즐 맞추기 놀이를 한다.
  "퍼즐을 맞출 때 힘들었던(즐거웠던) 점은 무엇인가요?"
  "완성된 퍼즐에 어떤 이름을 지어 주고 싶나요?"
- 친구와 퍼즐을 바꾼 다음, 퍼즐 맞추기 놀이를 해본다.

오감을 깨우는 놀이 Tip

- 퍼즐 그림은 그림책 앞표지 그림을 스캔하여 출력한다.
- 선을 그리기 전에 조각을 많이 낼 경우 어떤 어려운 점이 있는지 꼭 이야기 나눈다.
- 선을 그린 다음 순서대로 번호를 쓰면 퍼즐 맞출 때 위치를 더 쉽게 알 수 있다.

놀이 풍경

그림을 종이 접시에 붙여요!

몇 개의 퍼즐 조각을 만들까?

가위로 선을 따라서 오려요.

퍼즐 맞추기 완성!

1부 / 요리 도구들과 친구 되기　71

숨어 있는 도구를 찾아라

그림책을 감상하던 중 한 아이가 "어? 그림이 달라요!" 말하며 앞과 뒤의 면지 그림이 다름을 발견합니다. 그림책은 면지에도 의미가 있는데, 이번에는 그림이 달라졌음을 아이들이 먼저 발견합니다. 과연 달라진 곳은 어디일까요?

놀이 도구 그림책 앞과 뒤 면지 그림(각 A4 1/2 크기), 색연필

놀이 즐기기

- 앞 면지 그림을 살펴본다.
  "무엇이 보이나요?"
  "어떤 도구들이 보이나요?"
- 뒤 면지를 제시한다.
  "앞 면지와 뒤 면지 그림에서 무엇이 달라졌나요?"
- 달라진 부분을 찾아 색연필로 표시한다.
  "몇 군데가 다를까요?"
  "친구와 내가 찾은 곳을 비교해 볼까요?"
  "여러분이 그림책 작가라면 이곳에 무엇을 더 그리고 싶나요?"
  "뒤 면지에만 있는 도구들은 지금 무슨 생각을 하고 있을까요?"
- 앞과 뒤 면지 그림의 제목을 지어 본다.

오감을 깨우는 놀이 Tip

- 앞 면지를 A3 크기로 출력해 코팅한 다음, 뒤 면지에 있는 도구 그림 카드를 올려놓는 놀이를 할 수 있다.
- 틀린 부분을 진한 색의 색연필로 표시하여 친구와 쉽게 비교해 볼 수 있도록 한다.

놀이 풍경

앞 면지를 살펴봐요!

뒤 면지를 살펴봐요!

다른 곳 찾기 시작!

네가 찾은 곳은 어디야?

1부 / 요리 도구들과 친구 되기　73

📖 놀이를 마무리하며

　옛날에는 어떤 부엌 도구들을 사용했을까? 프라이팬, 깔때기, 집게 등 우리가 부엌에서 쉽게 접하는 도구들이 옛날에도 있었을까? 인절미를 만들고 시집보내는 과정에서 옛 부엌 도구들이 하나씩 등장할 때마다 아이들은 과연 어떤 도구인지 궁금해하며 호기심을 보였다. 콩고물과 팥고물로 화장을 한다고 했을 때는 "화장품이 없어요?" 물어보는 아이도 있었다. 어렸을 때 콩고물로 주먹밥을 만들어 본 경험이 떠올라 아이들과 함께 만들어 보았다. "밥에 콩고물로 화장하는 거야" 말하며 즐겁게 요리하는 아이들의 모습에 미소가 지어졌다.

　부엌 도구가 하객인 혼례 잔치 그림을 붙이기 위해 네모 모양이 아닌 동그라미 모양의 퍼즐 판이 제시되자 아이들이 흥미를 보였다. 사전에 유의할 점을 알아보았는데도 조각을 많이 내 퍼즐 맞추기를 힘들어하는 아이가 있었다. 실수를 통해 하나를 배운 아이는 다음에는 적당한 수의 조각으로 그림을 나누어 가위로 오렸다. 친구가 퍼즐을 잘못 맞출 때는 서로 도와주면서 즐거운 퍼즐 맞추기 시간을 가졌다.

　다음으로, "면지의 그림이 이상하다, 앞과 뒤의 면지 그림이 달라" 하며 달라진 그림 찾기 놀이를 하였다. 숨어 있는 도구를 찾기 위해 집중하는 아이들, 먼저 찾고 느린 친구를 도와주는 아이들, 협력해서 찾는 아이들…. 드디어 다 찾자 아이들은 서로 손을 잡고 깡총거리며 좋아하였다. 그림책의 그림을 이용하여 놀이하며, 아이들은 옛것에 관심을 갖고 우리의 문화에 한 발 더 다가가는 경험을 할 수 있었다.

함께 읽으면 좋은 그림책

『팥고물 시루떡』 이월 글, 홍우리 그림, 키즈엠

『떡이 최고야』 김난지 글, 최나미 그림, 천개의바람

『무궁화꽃이 피었습니다』 천미진 글, 강은옥 그림, 키즈엠

아름다운 봄날의
벚꽃 팝콘

추운 겨울이 지나고 아름다운 봄이 왔네요! 활짝 핀 꽃들의 향연이 더욱 빛나는 봄날에 동물 친구들이 하나 둘씩 모여 무언가를 준비합니다. 바로 벚꽃을 닮은 팝콘을 만들고 있지요. 톡톡! 펑펑! 팝콘 소리를 따라가다 보면 달콤한 냄새와 함께 꽃들이 피어나는 모습을 상상하게 됩니다. 혼자가 아니라 함께 만들고 나누는 동물 친구들의 모습에서 여러 꽃들이 조화롭게 어우러져 있는 풍경을 떠올리게 되며, 보는 이들로 하여금 아름다운 봄날 풍경에 흠뻑 빠져들게 합니다.

백유연 글·그림
웅진주니어

이 책은 아이들이 좋아하는 팝콘으로 만개하는 벚꽃의 모습을 잘 묘사하여, 자연스럽게 달콤한 봄, 아름다운 봄, 싱그러운 봄을 만날 수 있습니다. 『벚꽃 팝콘』 그림책의 마지막 장을 덮는 순간 아이들도 '아름다운 봄날'을 표현하고 싶은 마음이 샘솟습니다. 아이들이 꾸민 '봄날의 풍경'으로 여러분을 초대합니다.

📖 그림책 펼치기

- 『벚꽃 팝콘』의 그림을 감상한 후, 이야기를 상상해 본다.

    "그림책의 그림을 보니 어떤 느낌이 드나요?"

    "그림을 잘 보았나요? 어떤 이야기일까요?"

    <아이들이 주고받은 이야기>

    - 예뻐! 아름다워! 눈부셔!

    - 동물 친구들이 함께 모여서 팝콘을 만들고 있어.

    - 새들에게도 팝콘을 나눠 줘.

    - 팝콘이 어떻게 꽃이 되지? 팝콘이 꽃을 닮았잖아!

    - 팝콘 소리가 재밌어! 나도 따라 하고 싶어!

    - 나도 팝콘으로 꽃을 만들고 싶어!

- 『벚꽃 팝콘』을 읽어 주고, 함께 이야기 나눈다.

    "이 그림책 작가는 그림책 제목을 왜 벚꽃 팝콘이라고 지었을까요?"

    "그림책 제목을 바꿔 본다면 어떤 제목으로 바꾸고 싶나요?"

    "팝콘 하면 무엇이 떠오르나요?"

    "팝콘으로 무엇을 하고 싶나요?"

오감이 열리는 읽어 주기 Tip

- 『벚꽃 팝콘』의 아름다운 봄 풍경을 느낄 수 있도록 먼저 그림으로 만나 본다.
- 팝콘은 봄에 먹는 제철 음식은 아니지만 봄꽃의 개화를 연상할 수 있는 재료이다. 팝콘이 터지는 소리를 실감 나게 들려준다.
- 이야기의 흐름에 따라 따뜻한 어조, 놀란 어조, 행복한 어조 등 적절한 어조로 들려준다.

톡톡 펑펑, 팝콘 벚꽃 나무

탁탁! 톡톡! 팝콘이 튀겨지는 소리가 들리나요? 활짝 핀 벚꽃을 닮은 팝콘으로 벚꽃 나무를 만들어 보면서 아름다운 봄을 만나 볼까요?

요리 재료와 도구
- 팝콘 옥수수 100g, 식용유 1T, 막대 과자, 프라이팬, 그릇

요리 Tip
- 팝콘은 불의 세기를 약하게 하여 튀긴다.
- 기호에 따라 소금을 추가할 수 있다.

1 프라이팬에 식용유 1스푼을 두른 뒤, 팝콘 옥수수를 넣고 뚜껑을 닫는다.

2 기름과 팝콘 옥수수가 잘 섞일 수 있도록 중간에 프라이팬을 2번 흔들어 준다.

3 팝콘 튀기기가 끝나면 팝콘을 그릇에 담고, 팝콘 옥수수와 비교해 본다.

4 접시 위에 막대 과자 여러 개로 나무를 만든 다음, 팝콘으로 벚꽃 나무를 꾸민다.

나는야, 벚꽃 팝콘!

『벚꽃 팝콘』 앞표지만 봐도 금방이라도 '봄'을 만날 수 있을 것처럼 설레는 마음을 감출 수가 없습니다. 한 장 한 장 페이지를 넘길 때마다 아름다운 꽃의 향연이 느껴지고 봄 냄새가 나는 듯합니다. 팝콘의 변화를 꽃의 개화로 빗대어 표현한 이 책의 기발한 아이디어를 마음에 담고, 우리 아이들도 '팝콘 씨앗'이 되어 '벚꽃 팝콘'을 표현해 봅니다. 아이들의 표정과 몸짓이 한데 어우러져 아름다운 봄날 풍경을 그려 냅니다.

놀이 도구　　비발디의 사계 중 '봄' 음악

놀이 즐기기

- '팝콘 만들기' 요리를 한 뒤, 팝콘 옥수수가 어떻게 변했는지 이야기해 본다.
  "팝콘 옥수수가 뜨거운 불을 만나면서 어떻게 되었나요?"
  "어떤 소리가 났나요?"
- 『벚꽃 팝콘』 그림을 다시 보며, 벚꽃 팝콘의 변화를 살펴본다.
- 내가 만약 그림책 속에 나오는 벚꽃 팝콘이라면 어떻게 표현하고 싶은지 말해 본다.
  - 동그랗게 하고 싶어요, 손을 위로 쭉 뻗고 싶어요, 빙빙 돌고 싶어요
- 다 함께 큰 원을 만들어 동그랗게 앉고, 몸으로 표현할 때 친구들과 부딪치지 않도록 나만의 공간을 만든다.
- '봄' 음악을 들으며 교사의 '벚꽃 팝콘' 내레이션에 맞춰 몸으로 표현한다.
  ('벚꽃 팝콘' 내레이션 예)
  나는 팝콘 씨앗이에요!
  점점 뜨거워지고 있어요!
  톡! 톡! 톡! 내 몸이 점점 부풀어 올라요!
  펑! 펑! 펑! 활짝 핀 벚꽃이 되었어요!
- '벚꽃 팝콘'을 몸으로 표현해 본 느낌을 말한다.

놀이 풍경

친구들과 부딪치지 않도록
나만의 공간을 만들자!

나는 팝콘 씨앗!

내 몸이 점점 부풀어 올라!

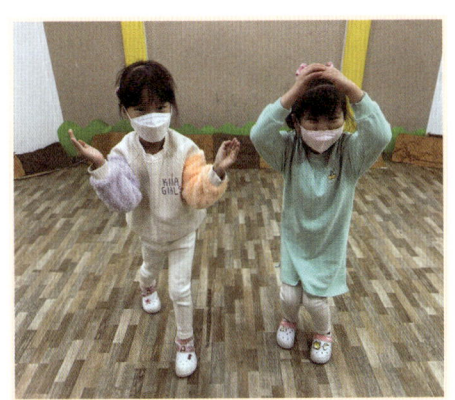

활짝 핀 벚꽃을 표현하자.

휴지 벚꽃 나무 전시관

아이들이 벚꽃 나무에 관심을 가지면서 휴지로 벚꽃을 만들자고 제안하여, 휴지를 찢거나 돌돌 말기, 꼬기 등 다양한 방법으로 '휴지 벚꽃'을 만들어 보았습니다. 유치원 앞마당에서 나뭇가지를 주워 휴지 벚꽃 나무를 완성한 뒤 전시하자는 의견이 나와, '휴지 벚꽃 나무 전시관'도 열었습니다. 아이들의 마음과 정성이 담긴 휴지 벚꽃 나무 전시관에 여러분을 초대합니다.

놀이 도구 휴지, 나뭇가지, 나무 액자, 이젤, 목공 풀

놀이 즐기기

- 휴지 벚꽃 나무를 어떻게 만들고 싶은지 생각해 본다.
  "벚꽃 나무를 본 적이 있나요?"
  "휴지로 벚꽃 나무를 만든다면 어떻게 만들고 싶나요?"
  "휴지 벚꽃 나무를 어디에 붙이고 싶나요?"
- 나무 액자에 나뭇가지를 어디에 놓을지 생각한 뒤, 목공 풀을 사용하여 나뭇가지를 붙인다.
  "나뭇가지로 무엇을 만들고 싶나요?"
  - 길을 만들고 싶어요, 튼튼한 나무를 만들고 싶어요.
  "나무 액자에 나뭇가지가 잘 붙으려면 어떻게 해야 할까요?"
- 나뭇가지로 나무를 만든 다음, 휴지를 말거나 찢기 등 다양한 방법으로 휴지 꽃을 만들어 붙인다.
- 자신이 만든 휴지 벚꽃 나무를 친구들에게 소개하고, 휴지 벚꽃 나무를 전시한다.
  "내가 만든 휴지 벚꽃 나무에 이름을 붙여 보면 어떨까요?"
  "휴지 벚꽃 나무를 어디에 전시하면 좋을까요?"

> **놀이 풍경**

휴지를 찢어서 벚꽃 나무를 만들 거야.

휴지 벚꽃 나무에 이름을 붙여 주자!

나뭇가지로 길을 만들어야지!

유치원 마당에 한 줄로 놓아 잘 보이게 하자!

📖 놀이를 마무리하며

　그림책『벚꽃 팝콘』자체가 봄이다. 화사하고 아름다운 그림을 가만히 들여다보고 있노라면, 저절로 웃음이 나고 빨리 봄을 만나고 싶은 마음이 든다. 아이들도 그림책 한 장 한 장을 넘길 때마다 봄 풍경에 푹 빠져 미동도 없이 뚫어지게 쳐다본다. 특히 팝콘이 꽃이 되는 모습을 볼 때는 "와!" 하고 감탄하며 신기해했다. 아이들은 빨리 벚꽃을 만들고 싶다며 교실 주변을 돌며 재료를 찾았다. 한 아이가 '휴지 벚꽃'을 만들겠다며 휴지를 돌돌 말아 벚꽃을 만들자, "나도! 나도!" 하며 삼삼오오 벚꽃을 만들기 시작했다. 바람에 흩날리는 벚꽃이라며 휴지를 쭉쭉 찢어 날리거나 휴지를 동그랗게 만들어 꽃이 피는 모습이라고 이야기하기도 하였다.

　'벚꽃 팝콘'을 몸으로 표현할 때 아이들은 "씨앗은 아주 작고 땅속에 있어서 이렇게 표현해야 해", "씨앗은 아주 작잖아. 더 작게 해야지" 말하며 고개를 숙이고 몸을 웅크려 씨앗을 표현하였다. 이때 한 아이가 "씨앗이 '꼭꼭 숨어라!' 숨바꼭질을 하는 것 같아" 하며 씨앗의 모습을 재미있게 이야기하였다. 꽃이 활짝 피는 모습을 표현할 때는 뭔가 탄생의 위대함을 느꼈는지 비장한 표정으로 힘을 주어 팔을 위로 쭉 펴거나, 꽃의 아름다움을 보여 주기 위해 팔로 반짝거리는 아이들도 있었다.

　『벚꽃 팝콘』을 아이들과 함께 여러 번 감상하고 다양한 방법으로 표현해 보면서 그림책 자체가 아름다움이자 명화이며, 아이들에게 행복을 가져다주는 진정한 놀이 친구라는 사실을 다시 한 번 느낄 수 있었다.

함께 읽으면 좋은 그림책

『봄 선물이 와요』 도요후쿠 마키코 글·그림, 천개의바람

『우리 순이 어디 가니』 윤구병 글, 이태수 그림, 보리

감자가
친구를 만나면

귀엽게 웃고 있는 감자가 채소와 과일 친구들을 만납니다. 과연 무엇으로 변할까요? 우리 아이들이 어떤 선생님을 만나느냐, 어떤 친구를 만나느냐에 따라 다양한 모습으로 성장하듯이, 감자가 친구를 만나면 무엇이 될까요?

감자는 여러 친구들을 만나 여태껏 자신이 몰랐던 전혀 새로운 모습이 됩니다. 친구들과 함께한 덕분에 혼자서는 될 수 없는 다른 모습이 되어 본 감자는 마침내 어떤 존재를 만나 여태까지와 다른 가능성을 지닌 새로운 존재로 태어납니다.

수초이 글·그림
후즈갓마이테일

이 책은 독특하고 풍부한 색감의 그림과 반복 어구, 의성어와 의태어로 만들어진 간결한 글이 기발한 상상력을 일깨우는 그림책입니다. 아이들과 그림책을 한 장 한 장 넘기면서 감자가 무엇으로 변했을지 상상하며 추리해 볼까요?

📖 그림책 펼치기

- 그림책 앞표지를 보며 상상해 본다.

    "감자는 어떤 표정인가요?"

    "감자는 누구를 만났을까요?"

- 그림책 면지를 다 함께 살펴본다.

    "무엇이 보이나요?"

    "숨어 있는 동물도 있대요. 어떤 동물일까요?"

    "숨어 있는 고양이가 몇 마리인지 찾아볼까요?"

- 그림책을 한 장 한 장 감상한 다음 이야기 나눈다.

    "감자가 아삭아삭, 주홍색 당근을 만났어요. 무엇이 되었을까요?"

    "감자가 매끈매끈, 보랏빛 가지를 만났어요. 무엇이 되었을까요?"

    "감자가 오밀조밀, 완두콩 형제들을 만났어요. 무엇이 되었을까요?"

- 다음 장면에서 감자가 무엇이 될지 충분히 상상할 수 있도록 기다려 준다.

    "감자가 가지를 만나면 무엇이 될지 상상해 보았나요?"

- 그림책을 감상한 뒤 과일, 채소 그림들을 재구성해 본다.

오감이 열리는 읽어 주기 Tip

- 글이 간결하기 때문에 의성어와 의태어를 리듬감 있게 읽어 준다.
- 뱀, 애벌레가 등장하는 장면에서는 책을 뱀처럼, 애벌레처럼 흔들어 움직이면서 생동감 있게 들려준다.
- 페이지를 넘기기 전에 "감자랑 ○○가 만나면 무엇이 될까?" 질문한 다음, 이야기 충분히 상상할 수 있도록 기다려 준다.

감자가 빵을 만나, 개구리 감자 샐러드 모닝빵

밭에서 온 싱싱한 감자를 으깨서 빵에 넣었더니 개구리가 되었네요! 개구리 감자 샐러드 모닝빵을 재미있게 만들어 보면서 아이들은 감자 요리에 더 관심을 갖고 먹어 보기를 시도합니다.

요리 재료와 도구
- 모닝빵 2개, 삶은 감자 1개, 슬라이스 햄 1장, 마요네즈 1T, 딸기잼 1T, 치즈 1장, 가위, 검정깨 약간, 접시, 볼, 숟가락, 플라스틱 칼

요리 Tip
- 눈은 치즈 대신 동그란 과자로 대체할 수 있다.
- 감자 샐러드에 여러 가지 잘게 자른 채소(당근, 오이, 옥수수 콘 등)를 넣어도 좋다.

1 으깬 감자에 마요네즈를 섞는다.

2 모닝빵을 반으로 갈라 딸기잼을 바른다.

3 딸기잼 위에 으깬 감자를 바른다.

4 치즈, 검정깨, 햄으로 눈과 혀를 만든다.

감자가 ○○을 만났어

그림책 속에 등장하는 과일, 채소 그림을 재구성해 보면서 아이들의 창의력과 독창성을 키울 수 있습니다. 재구성한 그림으로 나만의 이야기를 만들면서 언어 표현력과 어휘력도 높일 수 있습니다.

놀이 도구　　『감자가 만났어』의 과일과 채소 그림, 딱풀, 종이

놀이 즐기기

- 책에서 감자가 만난 친구들을 살펴본다.
  "감자가 어떤 친구들을 만났나요?"
  "가지를 만나서 무엇이 되었나요?"
  "당근을 만나면 또 무엇으로 변신할까요?"
- '감자가 만났어' 말 바꾸기 놀이를 해본다.
  (예 : 감자가 만났어. 가지랑 만났어. 무엇이 되었을까요?)
- 감자와 어떤 친구가 만나면 좋을지 생각해 본 다음 그림을 고른다.
- 그림 재구성 놀이를 하고 종이에 붙여 본다.
- 재구성한 그림의 제목을 지어 본다.
  "내가 만든 그림에 제목을 지어 볼까요?"
- 제목 짓기가 익숙해지면 이야기를 꾸며 본다.
  "내가 구성한 그림에 이야기를 꾸며 말해 볼까요?"
- 재구성한 그림을 친구에게 소개한다.

놀이 풍경

그림책 속 주인공은 누가 있을까?

무엇을 만들까?

사과, 감자, 당근, 콩으로 만든 악어!

변비를 탈출한 닭의 기분 좋은 하루!

감자 도장

감자로 도장을 만들 수 있다고? 아이들은 감자 도장을 만들어 보면서 사고의 전환을 경험합니다. 또 감자 도장에 여러 색깔의 물감을 묻혀 찍으며 다양한 색채와 모양을 경험하게 됩니다. 감자 도장 놀이를 하며 아이들은 색의 혼합에 대해 알고 심미감을 기를 수 있습니다.

놀이 도구 감자, 플라스틱 칼, 점토 틀, 물감, 도화지, 접시

놀이 즐기기

- 감자를 다양한 방법으로 탐색한다.
  "감자의 색깔을 살펴볼까요? 어떤 모양인가요?"
  "감자로 어떻게 도장을 만들 수 있을까요?"
- 플라스틱 칼을 사용하여 감자를 반으로 자른다.
  "감자를 자르면 어떤 모양이 될까요?"
  "감자의 속은 무슨 색깔일까요?"
- 점토 틀을 감자에 밀어 넣고 플라스틱 칼로 잘라 낸다.
  "점토 틀을 감자에 밀어 넣어 볼까요?"
  "점토 틀이 들어간 만큼 플라스틱 칼로 잘라 볼까요?"
- 감자 도장에 물감을 묻혀 도화지에 찍어 본다.
  "감자 도장에 어떤 색깔 물감을 묻혀 보고 싶나요?"
  "OO색과 OO색이 만나서 어떤 색으로 변했나요?"
- 찍어 낸 모양을 보고 어떤 모양(색깔)이 보이는지 이야기 나눈다.
  "감자 도장을 종이에 찍으면 어떤 모양(색깔)이 보이나요?"

놀이 풍경

감자는 어떻게 생겼을까?

감자를 반으로 잘라볼까?

점토 틀을 감자에 밀어 넣고 칼로 잘라요!

와~ 무지개색 꽃 모양이 됐어!

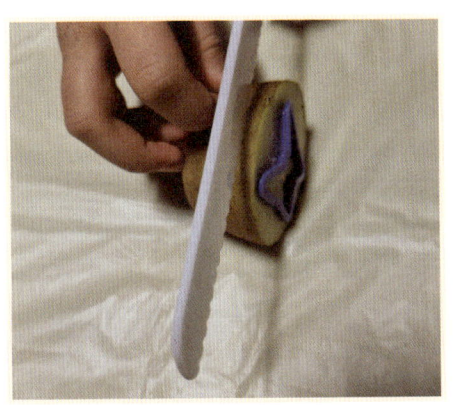

📖 놀이를 마무리하며

『감자가 만났어』 그림책은 표지부터 일러스트까지 간결하고 다채로운 색감 때문에 아이들에게 매우 매력적인 그림책으로 다가온다. 하지만 아이들이 그다지 좋아하지 않는 감자를 활용하여 어떻게 재미있고 맛있는 요리를 만들지 고민이 되었다. 아이들이 감자튀김을 좋아하는 것에 착안하여, 본문에는 나와 있지 않지만 웨지 감자 요리를 해서 같이 먹어 보니 반응이 꽤 괜찮았다.

감자 요리에 흥미를 가진 아이들이 "빵에 감자를 넣어 봐요", "개구리 모양으로 만들어요" 하는 의견을 내서, 개구리 감자 샐러드 모닝빵을 만들어 보았다. 웨지 감자 요리와 개구리 감자 샐러드 모닝빵을 만들면서 평소 감자를 즐겨 먹지 않았던 아이들도 자신이 만든 요리라며 잘 먹는 모습을 보니, 편식 지도에 관심이 많은 나뿐 아니라 부모님들도 매우 뿌듯해하였다.

감자로 할 수 있는 놀이로 도장 찍기를 하고 천연 감자 전분 슬라임을 만들어 보기도 하였는데, 감자로 다양한 놀이를 할 수 있다는 것에 아이들은 매우 흥미로워하였다. 그림 재구성을 하기 전에는 '그림책에 나오는 것처럼 재미있는 생각이 나올 수 있을까?' 걱정을 많이 했는데, 아이들의 작품을 보면서 그들의 무한한 상상력에 놀라지 않을 수 없었다. 책에서 감자가 채소, 과일 친구들과 함께하면서 여태까지와 다른 가능성을 품은 존재로 태어난 것과 같이, 그림책 속 주인공들이 새로운 요리와 놀이로 재탄생되는 과정을 볼 수 있었다.

함께 읽으면 좋은 그림책

『감자는 약속을 지켰을까?』 백미숙 글, 노영주 그림, 느림보

『감자 이웃』 김윤이 글·그림, 고래이야기

『감자 아이』 조영지 글·그림, 키위북스

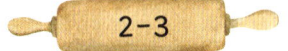

한입의 시원함, 수박

호호 마을 동물들은 오늘도 다 함께 즐거운 산책을 합니다. 쿵쾅쿵쾅 꿈틀꿈틀 폴짝폴짝! 그런데 갑자기 데굴데굴 데구루루! 둥글고 커다란 수박 하나가 굴러 왔습니다. 동물 친구들은 수박을 어떻게 했을까요?

더운 여름 시원한 수박을 한입 가득 덥석 베어 물면 잠깐이나마 더위를 잊게 해 주지요. '한입에 덥석' 먹는 것은 어떻게 먹는 걸까요? 이 책은 동물들이 생김새대로 수박을 먹는 모습이 의성어와 의태어로 재미있게 표현되어 아이들에게 흥미와 재미를 줄 뿐 아니라 새로운 어휘를 익히게 해 줍니다. 동물들이 수박 먹는 모습을 흉내 내어 한입 가득 수박을 베어 먹으면서 다 함께 그림책 속으로 떠나 볼까요?

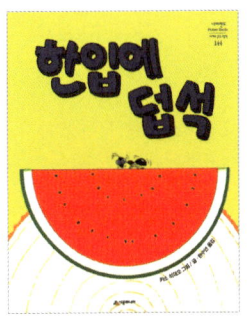

키소 히데오 글·그림
시공주니어

📖 그림책 펼치기

- 수박을 다 같이 살펴보면서 이야기한다.

    "수박은 어떤 모양(색깔)인가요?"

    "수박 속은 어떻게 생겼을까요? 다 함께 살펴볼까요?"

    "'한입에 덥석' 먹는 것은 어떻게 먹는 걸까요?"

- 동그란 뻥튀기를 제시하며 '한입에 덥석' 먹는 것을 표현해 본다.

    "선생님은 뻥튀기를 이렇게 '한입에 덥석' 먹어 보면 재미있을 것 같아요. 여러분은 어떻게 먹어 보고 싶나요?"

- 그림책을 들려준 다음 이야기 나눈다.

    "그림책 속 수박을 보니 어떤 느낌이 드나요?"

    "수박 하나를 동물들이 어떻게 나누어 먹으면 좋을까요?"

    "내가 만약 수박을 먹는다면 어떻게 먹고 싶나요?"

    "수박을 재미있게 먹는 방법에는 무엇이 있을까요?"

    <아이들이 주고받은 이야기>

    - 수박이 엄청 크다!

    - 수박이 시원하고 맛있을 것 같아.

    - 수박을 나누어 먹으니까 동물 친구들은 착한 것 같아.

    - 나도 수박 먹고 싶다.

오감이 열리는 읽어 주기 Tip

- 야금야금, 오물오물, 사각사각 등 의성어, 의태어에 알맞는 소리와 크기, 빠르기를 살려 읽어 주고 함께 몸으로 표현해 보면 아이들의 상상력이 배가 된다.
- 아이들에게 동그란 뻥튀기를 나누어 주면서 '덥석' 먹는 모습을 다양하게 표현해 보도록 유도하면 '한입에 덥석'이라는 말 표현에 대한 이해를 쉽게 도울 수 있다.

새콤달콤 시원한 수박 피자

♬수박, 수박이 나왔어요! 커다란 수박이 꿀맛이에요! ♪♪

수박에 요구르트를 바르고 과일 토핑을 올리면 시원한 수박 피자가 됩니다. 더위를 잊게 해 줄 영양 만점 수박 피자를 만들어 볼까요?

요리 재료와 도구
- 수박 반 통, 플레인 요구르트 1개, 블루베리 10알, 바나나 1개, 스쿱, 숟가락, 접시, 칼

요리 Tip
- 토핑 재료는 집에 있는 과일로 대신할 수 있다.
- 스쿱이 없다면 숟가락을 사용한다.
- 수박을 자를 때 다치지 않도록 조심한다.

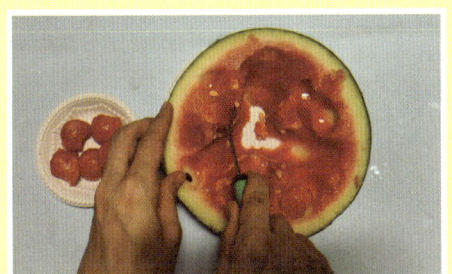

1 토핑이 될 수박을 스쿱으로 떠낸다.

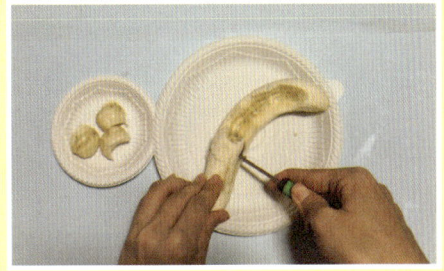

2 바나나도 스쿱으로 떠낸다.

3 가로로 자른 수박에 요거트를 바른다.

4 토핑(수박, 바나나, 블루베리)을 올리면 완성!

수박 소고 마라카스

아이들이 수박 악기를 만들어 보자고 제안합니다. 수박 씨와 꾸미기 재료를 이용해 수박 악기를 만들면서 아이들은 버려지는 씨앗이 재활용되는 경험을 하게 됩니다.

놀이 도구 초록색 종이 접시, 빨간색 색종이, 투명 반구, 수박 씨(검은콩으로 대체 가능), 넓은 하드 막대, 리본 끈, 병뚜껑, 양면테이프(글루건), 딱풀, 매직

놀이 즐기기
- 수박의 생김새를 떠올리며 재료를 살펴본다.
- 초록색 종이 접시 뒷면에 검은색 매직으로 수박의 검은 줄무늬를 그린다.
- 초록색 종이 접시 앞면 중앙에 빨간색 색종이를 동그랗게 잘라 붙인 다음, 검은색 매직으로 수박씨를 그린다.
- 투명 반구를 유성 매직으로 꾸민다.
- 양면테이프로 각각의 리본 끈 한쪽 끝에 병뚜껑을 붙이고, 병뚜껑을 붙이지 않은 쪽 리본 끈을 종이 접시 양옆에 붙인다.
- 양면테이프로 초록색 종이 접시 하단에 넓은 하드 막대를 붙인다.
- 수박 씨를 종이 접시 중앙에 놓고, 투명 반구를 접시 가운데에 붙인다.
- 수박 소고 마라카스를 흔들어 보고, 어떤 소리가 나는지 이야기한다.
- 내가 좋아하는 노래를 부르며, 수박 소고 마라카스를 연주해 본다.

오감을 깨우는 놀이 Tip
- 양면테이프가 떨어질 수 있으므로 견고하게 붙이고 싶다면 글루건을 사용해도 좋다. 글루건은 사용할 때 화상 위험이 있으므로 안전에 유의한다.

놀이 풍경

초록 종이 접시 뒤에 줄무늬를 그리자!

빨간 동그라미에 매직으로 씨를 콕콕!

병뚜껑을 달고 씨를 넣으면 어떤 소리가 날까?

찰랑찰랑, 수박 소고 마라카스 놀이!

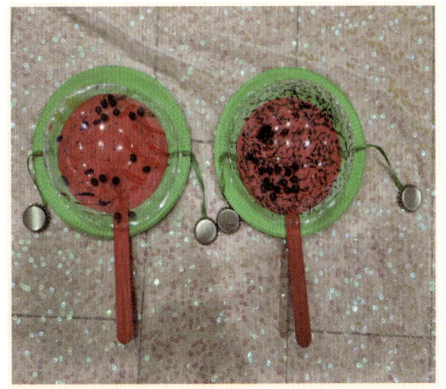

수박 패턴을 만들자

'검은 줄, 초록 줄, 검은 줄, 초록 줄!' 수박을 살펴보던 아이들이 수박에서 패턴을 발견합니다. 아이들은 몸으로 어떻게 수박 패턴을 만들까요? 친구들과 함께 신체로 패턴을 만들면서 패턴의 개념을 이해하고, 자신의 옷이나 주변에서 패턴을 발견하여 소개합니다.

놀이 도구 두건, 수박 그림(3가지 종류)

놀이 즐기기

- 수박 그림을 살펴본다.
  "어떤 모양이 있나요?"
- 친구와 함께 수박 그림을 가지고 2~3가지 규칙의 패턴 놀이를 한다.
  "반쪽짜리(동그란) 수박 다음에 어떤 모양의 수박을 놓아 볼까요?"
- 내가 고른 수박 그림으로 손가락 패턴 놀이를 해본다.
  "손가락으로 어떻게 수박 패턴을 만들 수 있을까요?"
- 모둠 친구들과 이야기 나누어 수박 그림이 반복되도록 몸 패턴을 해 본다. 두건에 자신이 고른 수박 그림을 붙인 다음 몸으로 내가 고른 수박 그림을 표현한다.
- 첫 번째 모둠의 아이들이 몸으로 수박 패턴을 만들면 다른 모둠의 아이들이 어떤 규칙의 패턴인지 맞춰 본다.

> **오감을 깨우는 놀이 Tip**
> - 동물마다 '한입에 덥석' 먹는 모양이 다르므로, 그 모양으로 패턴 놀이를 하면 더 재미있다.
> - 글자를 모르는 어린 연령은 동작 패턴(사각사각, 오물오물, 사각사각 오물오물)으로 놀이하고, 글자를 아는 연령은 글자 카드 패턴으로 놀이할 수 있다.

놀이 풍경

2가지 패턴을 만들어 볼까?

3가지 패턴도 만들 수 있어!

손으로 하는 패턴 놀이도 재밌어!

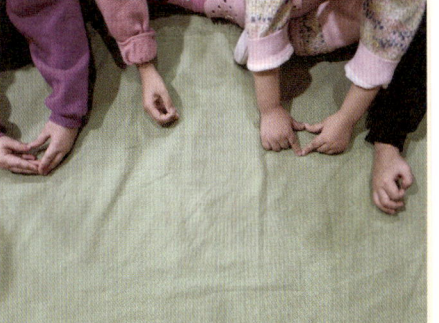

몸으로 표현하는 수박 패턴 놀이!

📖 놀이를 마무리하며

　그림책을 감상할 때 아이들은 수박을 먹었던 경험을 떠올리며 "집에서 수박화채를 만들어 먹었는데 정말 맛있었어", "수박을 피자처럼 잘라 먹었더니 피자를 먹는 것 같았어" 하며 수박 자른 모양과 맛에 대해 이야기하였다. 그래서 책에 나오는 수박과 여러 가지 과일을 활용하여 수박 피자를 만들어 보았는데, 과일로도 피자를 만들 수 있다는 사실에 아이들이 매우 흥미로워했다. 수박 피자를 먹으면서 "피자보다 맛있어요", "새콤달콤해서 건강해지는 것 같아요" 말하는 모습에서 우리가 즐겨 먹는 피자보다 맛과 영양이 훨씬 좋다는 것을 아이들도 느낀다는 것을 알 수 있었다.

　요리에 쓰고 남은 수박씨를 활용하여 수박 소고 마라카스를 만들어 흔들어 보고 돌려서 소리 내어 보면서 아이들은 매우 즐거워하였다. 다만 양면테이프를 이용해 투명 반구를 종이 접시에 붙일 때 어려워하는 아이가 있어 친구가 붙여 주거나 교사가 도와주었다.

　우리가 수박을 베어 물면 잇자국이 생기듯이 동물들이 수박을 먹으면 어떻게 될까 상상해 보았는데, 한 아이가 "하마는 입이 크니까 한 번에 먹을 것 같아요" 말했다. 책 제목을 살펴보고 "한입에 덥석 먹는 것은 어떻게 먹는 것일까?" 다시 질문하였더니 아이들은 처음에 '한입에 덥석' 먹는 모습을 흉내 내기 어려워했다. 동그란 뻥튀기를 이용해 '한입에 덥석' 먹는 모습을 보여 주고, 뻥튀기를 나눠 주어 아이들에게 표현하도록 유도하였더니 아이들도 '한입에 덥석' 먹는 모습을 금방 이해하는 듯하였다.

　아이들은 그림책을 통해 동물마다 먹는 모습, 잇자국의 모양이 다르다는 것을 발견하고, 의성어, 의태어 같은 새로운 부사어를 경험하게 된다. 또 수박 패턴을 몸으로 표현해 보며 자연스레 수학적 개념을 익힌다.

함께 읽으면 좋은 그림책

『한 입만』 경혜원 글·그림, 한림출판사

『수박 수영장』 안녕달 글·그림, 창비

『수박씨를 삼켰어!』 그렉 피졸리 글·그림, 토토북

달팽이 걸음보다
아이스크림 걸음

만화를 보고 싶은데 동생을 데리러 어린이집에 가는 선동이와 주변을 구경하며 느릿느릿 달팽이 걸음으로 걸어가는 율동이가 있습니다. 집에 빨리 가서 만화를 보고 싶은 선동이는 율동이에게 아이스크림 걸음 놀이를 제안합니다. 시원한 아이스크림은 율동이가 가장 좋아하는 것! 집 앞에 거의 다 도착한 율동이의 표정에는 아이스크림에 대한 기대가 가득합니다.

박종진 글, 송선옥 그림
소원나무

집에 가는 길에 12가지로 걷는 걸음 놀이! 빠른 걸음, 느린 걸음만 있는 줄 알았는데 걸음에는 여러 가지 이름이 있습니다. 선동이와 율동이를 따라가면서 순우리말로 아름답게 표현되는 걸음 놀이를 한번 따라 해 볼까요? 그리고 우리만의 아이스크림 걸음을 만들어 보면 어떨까요? 더운 여름날 시원한 아이스크림도 먹고 걸음도 걸어 보면서 더위를 날립니다.

📖 그림책 펼치기

- 그림을 가린 앞표지를 보면서 이야기 나눈다.

  "왜 제목을 '아이스크림 걸음'이라고 했을까요?"

  "아이스크림 걸음은 어떤 걸음일까요?"

- 그림책을 감상한다.

  "왜 율동이는 느릿느릿 걸었을까요?"

  "왜 선동이는 아이스크림 걸음 놀이를 하자고 했을까요?"

- 그림책 앞표지의 그림을 가렸던 종이를 떼어 낸 다음 이야기 나눈다.

  "그림을 보니 어떤 느낌이 드나요?"

- 그림책 앞뒤 면지를 살펴본다.

  "왜 여기에 아이스크림을 그렸을까요?"

- 그림책 속 걸음에 대한 자신의 생각을 말한다.

  "여러분이 해보고 싶은 걸음은 무엇인가요?"

  "이 걸음을 누구와 함께 해보고 싶나요?"

<12가지 걸음 중 몇 가지 걸음 따라 하기>

- 다 함께 모둠별로 아이스크림 걷기 놀이를 해본다.

  - 아이와 함께 여러 가지 놀잇감을 이용해 동네를 구성해 본다.
  - 교사가 제시하는 상황에 따라 아이스크림 걸음에 맞춰 걸어 본다.

    (예 : ○○가 놀이터를 두루미 걸음으로 지나가고 있어요.)

오감이 열리는 읽어 주기 Tip

- 진한 글자로 나오는 걸음 이름 글자 앞에서 잠시 멈춘 다음, 큰 소리로 강조하며 읽는다.
- 마지막 '아이스크림 걸음'에서는 빠른 속도로 읽는다.
- 걸음을 나타내는 의성어, 의태어에 따라 길게, 짧게, 느리게 읽는다.

  (예 : 쓰윽(길게), 탁!(짧게), 느릿느릿(느리게) 등)

더위야 물럿거라, 아이스크림 카나페

좋아하는 재료를 하나씩 쌓을 때마다 아이들의 표정도 덩달아 밝아집니다. 아이스크림이 녹기 전에 빨리 먹고 싶은 아이들에게 아이스크림 카나페는 시원함을 선사합니다.

요리 재료와 도구
- 크래커 4개, 바닐라 아이스크림 100g, 치즈 1장, 제철 과일, 숟가락, 접시, 플라스틱 칼

요리 Tip
- 과일은 제철 과일을 준비한다.
- 아이스크림은 재료를 다 준비한 뒤, 맨 마지막에 냉장고에서 꺼낸다.
- 재료 올리는 순서는 자유롭게 해도 된다.

1 치즈를 크래커 크기만큼 플라스틱 칼로 자른다.

2 과일을 크래커에 올려놓을 수 있는 크기로 자른다.

3 크래커 위에 치즈, 아이스크림을 올린다.

4 맨 위에 과일을 얹는다.

아이스크림 걸음으로 걸어 볼까?

면지에 있는 아이스크림 그림을 보고 아이들이 "내가 좋아하는 수박 맛 아이스크림이다!", "저건 ○○ 아이스크림이야!" 말하며 즐거워합니다. 그림책을 보고 난 아이들은 과연 어떤 아이스크림 걸음을 만들까요? 제시된 아이스크림을 자신만의 걸음 방법으로 표현하면서 창의력과 신체 운동 능력이 향상됩니다.

놀이 도구 아이스크림 그림 카드, 음악, 대블록

놀이 즐기기

- 대블록으로 길을 구성한다.
- 교사가 면지에 있는 아이스크림 그림을 붙여 만든 푯말을 아이에게 보여 준다.
- 아이는 제시된 아이스크림을 어떤 걸음으로 표현할지 생각한다.
  "붕어빵 아이스크림이 나왔네요. 붕어빵 아이스크림을 어떤 걸음으로 표현할 수 있을까요?"(예 : 지그재그 걷기, 손 털면서 걷기, 팔을 꼰 다음 걷기 등)
- 다음 장소까지 자신이 생각한 걸음 방법으로 걸어간다.
- 다음 장소에 도착하면 교사는 다른 아이스크림 그림 카드를 제시한다.
- 제시된 카드를 본 다음 자신이 생각한 걸음걸이로 또 다음 장소까지 걸어간다.
- 마지막 장소까지 도착하면 걸음 놀이가 어땠는지 평가한다.

오감을 깨우는 놀이 Tip

- 아이가 생각한 아이스크림 걸음을 어디까지 표현하며 걸어갈지 장소를 명확하게 구분한다.
- 아이들이 만든 걸음걸이나 재미있어했던 걸음걸이를 일상생활 속에서 활용해 본다. 장소와 상황에 따라 다양한 걸음걸이를 제시한다.
  (예 : 급식실 갈 때(바른 걸음), 바깥 놀이 갈 때(발등 걸음), 강당에 갈 때(달팽이 걸음) 등)

놀이 풍경

대블록으로
골목길, 웅덩이를 만들어요!

꼬여 있는 아이스크림 걸음!

뻐끔! 뻐끔!
붕어빵 아이스크림 걸음!

아이스크림 걸음을 하며 이동해요!

새콤달콤 플레이콘 구슬 아이스크림

아이스크림에는 여러 가지 종류가 있습니다. 아이들은 그중 새콤달콤 여러 가지 맛이 있는 구슬 아이스크림을 좋아하지요. 물을 살짝만 묻혀도 붙는 플레이콘은 아이들에게 신기함을 선사하고, 주사위 속 위치와 색깔은 아이들에게 생각하게 합니다.

놀이 도구 색깔 주사위, 방향 주사위, 플레이콘, 물, 종이컵, 스티로폼 볼(8cm), 양면테이프, 여러 가지 꾸미기 재료

놀이 즐기기

- 플레이콘에 어떤 색깔이 있는지 살펴본다.
- 색깔마다 떠오르는 맛을 이야기해 본다.
  (예 : 빨강(딸기), 보라(포도), 파랑(민트), 노랑(레몬), 초록(메론), 갈색(초콜릿) 등)
- 색 종이컵에 양면테이프로 스티로폼 볼을 붙인다.
- 스티로폼 볼 가운데에 내가 놓고 싶은 색깔의 플레이콘 한 개를 붙인다.
- 색깔과 방향 주사위를 굴린다.
- 해당하는 색깔의 플레이콘을 주사위에 나온 방향에 붙인다. 이때 가운데에 붙인 플레이콘이 기준이 된다.
- 완성된 구슬 아이스크림을 살펴본 다음, 여러 가지 재료를 이용해 꾸민다.
  (빨대, 눈알, 폼폼이, 장식품, 리본 끈, 골판지, 마스킹 테이프 등)

오감을 깨우는 놀이 Tip

- 플레이콘에 물을 많이 묻히면 플레이콘이 녹으므로, 그릇에 물티슈를 놓은 다음 그 위에 물을 조금 넣고 찍어 바른다.
- 완성된 플레이콘 아이스크림을 이용해 아이스크림 가게 놀이를 한다.

놀이 풍경

오른쪽, 갈색이 나왔어!

여기에 붙이면 돼!

플레이콘 구슬 아이스크림 완성!

내 맘대로 꾸미는 구슬 아이스크림!

📖 놀이를 마무리하며

　과연 아이스크림 걸음은 무엇일까? 그림책의 제목을 보고 많은 아이들이 궁금해하였다. 그림책 앞표지를 보면 맛있는 아이스크림 위를 즐거운 표정으로 걷고 있는 주인공을 만날 수 있다. 표지를 넘겨 면지에서 수많은 아이스크림 그림을 본 아이들은 더욱 흥분하여 "난 ○○ 아이스크림을 좋아해!", "내가 좋아하는 건 저거야!" 하며 외쳤다. 주인공이 제시한 12가지 걸음을 따라가면서 그림책을 감상하였다.

　아이들과 함께 아이스크림을 이용한 카나페를 만들었다. 아이들은 간단하지만 자신이 원하는 재료를 올려서 먹을 수 있는 카나페를 몇 개씩 만들어 먹었다.

　대블록으로 길을 구성한 다음 주인공처럼 아이스크림 걸음도 걸어 보았다. 동적인 활동을 좋아하지만, 막상 면지에 나온 아이스크림 걸음걸이를 창의적으로 만들어 보게 하니 아이들이 다소 어려워하였다. "정답은 없어!" 교사의 한마디에 용기를 내어 표현해 보는 아이들에게 크게 박수쳐 주었다.

　많은 아이스크림들 중에서도 아이들이 가장 좋아하는 구슬 아이스크림을 만들어 보기로 하였다. 그냥 플레이콘을 붙이면 재미가 없어서 "어떻게 붙일까?" 물었더니 아이들이 가위바위보, 주사위 굴리기, 왼쪽 오른쪽에 붙이기 등 다양한 방법을 제시하였다. 아이들과 의논해서 결정한 방법대로 구슬 아이스크림 만들기를 하였다. 수 놀이와 미술을 접목하여 만들기를 하니 아이들이 더 재미있어했다. 자신이 만든 작품을 소중히 다루는 모습도 볼 수 있었다.

함께 읽으면 좋은 그림책

『아이스크림은 어디서 왔을까?』 전혜은 글, 유경화 그림, 웅진주니어

『꽁꽁꽁』 윤정주 글·그림, 책읽는곰

달 샤베트는
어떤 맛일까?

똑, 똑, 똑… 이게 무슨 소리일까요? 아주아주 무더운 여름날 밤, 지구가 뜨거워져 달이 녹아내리는 소리입니다. 전기를 너무 많이 써서 정전이 된 아파트에 늑대 반장 할머니가 떨어진 달 물로 샤베트를 만들어 이웃들에게 나누어 줍니다. 그리고 달이 사라져 살 곳이 없어진 옥토끼들에게 달맞이꽃으로 달을 만들어 줍니다. 더위를 잊게 해 주는 할머니의 기발한 생각이 아이들의 상상력을 자극할 뿐 아니라, 따뜻한 나눔과 환경의 중요성에 대해서도 일깨워 줍니다.

백희나 글·그림
책읽는곰

사라진 달님의 빛을 되찾기 위해 아이들은 특공대가 되어 환경을 지키기 위한 실천 방법을 찾느라 분주합니다. 거창하진 않아도, 지구의 살아 있는 생명을 사랑하는 아이들의 고운 마음을 엿볼 수 있습니다. 잠이 통 오지 않는 더운 여름밤! 달 샤베트 한입 물고 달콤한 꿈나라로 떠나 볼까요?

📖 그림책 펼치기

- 달님 모양 전구를 보여 주며 아이들과 이야기를 나눈다.

    "얘들아, 난 달님인데 지금 환한 달빛을 낼 수가 없어. 빛이 사라졌거든. 너무 춥고 어두워서 힘이 없어. 내가 왜 이렇게 되었는지 궁금하지? 그림책 속으로 들어오렴."

- 표지를 살펴보며 이야기 나눈다.

    "책 제목이 무엇인가요? 어떤 내용일 것 같아요?"

    "친환경 콩기름으로 인쇄하여 책을 만들었대요. 냄새를 맡고 만져 볼까요?"

- 그림책을 읽어 주며 이야기 나눈다.

    (속지를 살펴보며) "달 아래 무엇이 보이나요? 왜 달에서 똑똑 물이 떨어질까요?"

    (첫 번째 장면을 보면서) "사람들은 왜 잠을 이루지 못할까요?"

    "반장 할머니는 달 물로 무엇을 할까요?"

    "왜 갑자기 정전이 되었을까요?"

    "깜깜한 밤에 어떻게 걸을 수 있는지 몸으로 표현해 볼까요?"

- 그림책을 감상하고 느낌과 생각을 나눈다.

    "달 샤베트는 어떤 맛일까요?"

    "여러분들이라면 달 물로 샤베트 대신 무엇을 만들고 싶나요?"

    "사람들은 언제 잠을 잘 자게 되었나요?"

    "늑대 반장 할머니에게 어떤 말을 해 주고 싶나요?"

    "무더운 여름날 전기를 아끼기 위해서는 어떻게 해야 할까요?"

오감이 열리는 읽어 주기 Tip

- 달이 '똑, 똑, 똑' 녹아 떨어지는 소리의 어감과 글자의 방향을 살려 읽어 준다.
- 그림을 보며 상상하고 예측해 본다.

    (예 : 교사가 "에어컨은?" 하고 궁금증을 유발시키며 읽어 주면, 아이들은 '쌩쌩', '슈웅!' 등의 재미있는 말로 표현하며 능동적으로 읽기에 참여한다.)

시원하게, 단호박 달 샤베트

단호박과 우유를 조합하여 만든 달 샤베트 요리는 우리에게 부드러움과 달콤함을 선사합니다. 시원한 샤베트가 무더운 여름을 시원하게 식혀 줍니다.

요리 재료와 도구
- 단호박 1개, 우유 100ml, 설탕 1T, 대추 1개, 호두 1개, 믹서기, 스쿱, 찜기(전자레인지)

요리 Tip
- 고명은 취향에 따라 올린다.
- 얼음 트레이에 얼리거나 살짝 얼린 상태에서 조각을 내면 믹서기에 쉽게 갈린다.

1 단호박은 찜기에 삶거나 전자레인지에 돌려서 껍질을 벗긴다.

2 삶은 단호박을 우유와 함께 곱게 간다.

3 곱게 간 단호박을 살짝 얼린다.

4 얼린 단호박을 믹서기로 갈아 스쿱으로 떠서 달 모양을 만들고, 그 위에 고명을 올린다.

달 샤베트 미션 놀이

"에어컨이 없어도 괜찮아!", "시원한 물을 마시면 되지 않을까?", "아이스크림도 맛있고 시원하지!" 에어컨, 선풍기가 없어도 여름을 보낼 수 있는 방법을 미션 판으로 만든 다음, 직접 실천해 봅니다. 이런 실천들이 세상에 한 줄기 빛이 되길 기대해 봅니다.

놀이 도구   노란 색지(보름달 모양으로 자르기), 흰 종이, 색연필, 풀, 가위, 별 스티커, 아이들이 원하는 재료(하드 막대, 백업, 띠 골판지 등)

놀이 즐기기

- 에어컨과 선풍기가 없어도 여름을 시원하게 보내는 방법에 대해 이야기 나눈다.
  - 부채를 만들자! 부채가 크면 더 시원할거야! 물을 마시면 되지!
- 모둠별로 무엇을 만들지 생각하고, 필요한 재료를 준비한다.
  - 부채를 만들 때 골판지가 필요해! 우리는 컵 접기를 해야 돼서 색종이가 필요해!
- 보름달 모양 색지 판에 여러 가지 재료를 사용하여 모둠별로 정한 미션 방법을 표현해 본다. (예 : 부채를 사용해요, 물을 마셔요, 아이스크림을 먹어요)
- '달 샤베트 미션 판'을 교실 벽면에 게시한 다음, 어떤 미션이 있는지 살펴본다.
  "어떤 미션이 있나요?"
  "유치원(가정)에서는 어떤 미션을 실천해 보고 싶나요?"
- 아침에 등원하여 어제 유치원과 가정에서 실천한 미션이 있으면 달 샤베트 미션 판 가장자리에 별 스티커를 붙인다.

오감을 깨우는 놀이 Tip
- 미션에 필요한 재료는 아이들과 함께 협의하여 아이들이 원하는 재료를 준비한다.

놀이 풍경

우리는 달 샤베트 판에
부채 미션을 붙일 거야!

우리는 물 마시기 미션을 붙일 거야!

우리 교실에 달 샤베트 미션 판을 붙여요!

와~ 미션 완성!
반짝반짝 빛나는 보름달이 됐어!

달님에게 빛을 다시 돌려줘

사람들이 쓰는 에어컨, 선풍기, 냉장고로 인해 달님이 녹습니다. 달님이 녹지 않도록 전기를 어떻게 사용하면 좋을지 아이들과 이야기 나누고 실천해 봅니다. 이 작은 실천이 환경을 지키는 빛이 되길 바라며 놀이를 시작해 볼까요?

놀이 도구 달님 모양 전구(건전지), 전구 용지(노란색 전구 그림 도안), 검정색 도화지, 자석 블록, 까슬이, 보들이, 색연필, 사인펜

놀이 즐기기

- 달님 모양 전구를 보여 주며 아이들과 이야기 나눈다.
  "얘들아, 나에게 빛을 돌려주면 좋겠는데 어떻게 하면 좋을까?"
  - 에어컨 대신에 부채를 써 볼게, 식물들을 많이 키워서 숲처럼 만들면 시원할 거야, 시원한 수박을 먹자, 수영장에서 놀지 뭐.
- 달님에게 말한 내용을 전구 용지에 그림이나 글로 표현한다.
- 달 샤베트 아파트를 만들고, 실천 내용이 적힌 전구 용지를 붙인다.
- 달 샤베트 아파트의 이름을 아이들과 의논하여 함께 정한다.
- 아이들이 만든 아파트와 전구 용지를 가지고 달님을 어떻게 밝게 만들 수 있을지 이야기 나눈다.
  - 아파트에 붙어 있는 종이 전구를 달님에게 하나씩 붙여 주면서 빛을 내게 만들어요.
- 아이들이 만든 전구 종이를 달님에게 하나씩 전달하며 빛을 만들어 준다.
- 달님에게 전구 종이가 모두 도착하면 건전지를 끼워 전구 달빛을 밝힌다.

오감을 깨우는 놀이 Tip

- 가정에서도 환경을 위해 실천할 수 있는 미션 과제를 함께 의논해서 만들어 본다.

놀이 풍경

전기가 없어도 시원한 아파트!

부채를 쓰면 전기를 아낄 수 있어!

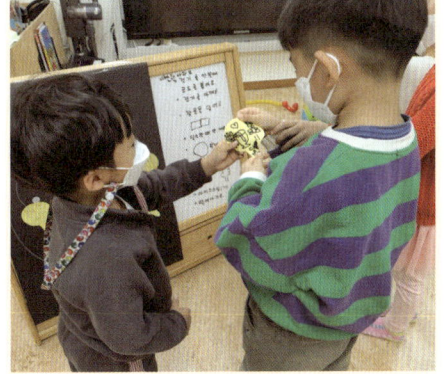

우리가 전기를 아껴서 달님을 구했어!

고마워!
너희들 덕분에 환한 달빛이 되었어!

📖 놀이를 마무리하며

『달 샤베트』는 환경에 대한 생각과 함께 시원함을 선물해 주는 책이다. 그림책을 읽어 주며 이 책은 콩기름으로 만든 책이라고 소개하니, 아이들이 표지를 만지고 냄새를 맡아 보며 "달이 미끌미끌해요", "진짜 콩기름 냄새가 나는 것 같아요" 하며 그림책에 더 빠져든다. 모두에게 달빛을 선물한 반장 할머니의 따뜻한 마음에 감동했는지 아이들이 "우리가 전기를 아껴 써야겠어요", "달님, 너무 고마워" 말하며 미소를 지었다.

아이들에게 에어컨, 선풍기 없이도 여름을 시원하게 보낼 수 있을지 방법을 물어보자 부채 만들기, 얼음물 마시기, 나무 그늘에서 쉬기, 바람 쐬기 등을 말하였다. 그런데 다른 모둠에서 "여름에는 바람도 더운 바람이잖아?" 하고 이견을 제시하자 "그럼 시원한 바다로 하자!", "맞아, 바다는 엄청 시원하니까 바닷바람을 쐬러 가자!"며 대화를 통해 방법을 바꾸기도 하였다.

아이들은 자석 블록으로 아파트를 만들고 전구 용지(전기 에너지를 아껴 쓰는 방법을 적은 종이)를 붙인 뒤, "선생님 우리가 만든 자석 블록 아파트는 전기가 하나도 필요 없으니 '시원한 아파트'라고 이름을 지어요" 하고 말하였다. 아파트에서 달님이 있는 곳으로 전구 용지를 하나씩 옮길 때는 뒤에 있는 친구에게 "부채를 사용해요"라는 말을 전달하며 건넸다. 검정 종이가 아이들의 생각이 담긴 전구로 채워지자 건전지를 끼워 달빛을 환하게 비췄다. 아이들은 "빛이 너무 아름답다"며 행복해하였다.

직접 정한 놀이 미션을 해보면서 아이들은 여름을 시원하게 보내는 방법을 알게 되었다. 또 서로 의견을 나누며 조율하는 방법, 문제 상황이 생겼을 때 대처하는 방법 등을 경험으로 배우고, 환경의 소중함도 느꼈다.

함께 읽으면 좋은 그림책

『북극곰에게 냉장고를 보내야겠어』 김현태 글, 이범 그림, 휴먼어린이

『냠냠 빙수』 윤정주 글·그림, 책읽는곰

『달 케이크』 그레이스 린 글·그림, 보물창고

쌀 한 톨에 담긴 농부의 땀

도대체 무슨 내용인지 모를 알쏭달쏭한 제목이 나온 앞표지, "다 먹었다 방심 말고 남은 밥 톨 떼어 먹자"는 뒤표지에 실린 표어가 눈길을 끕니다.

날마다 먹는 밥의 작은 쌀 한 톨이 우리 밥상까지 오려면 얼마나 많은 시간과 노력이 필요할까요?『모모모모모』는 볍씨를 뿌려 모가 자라서 벼가 되고 쌀이 되어 마침내 맛있는 밥이 되기까지 농부의 고된 과정을 간결한 언어 유희로 유쾌하게 풀어낸 그림책입니다. 역동적인 그림과 모모모모모, 내기내기내기, 피뽑피뽑피, 지지벼벼 등 재미있는 말놀이가 장면마다 어떻게 펼쳐질지 상상하며 넘기게 됩니다.

벼의 한살이와 함께하는 농부의 수고로움이 담긴 이야기를 놀이로 연결하면, 쌀 한 톨이 품은 자연의 시간을 귀하게 여기고 쌀 한 톨에 숨어 있는 농부의 땀을 느끼며 더욱 감사한 마음을 갖게 됩니다.

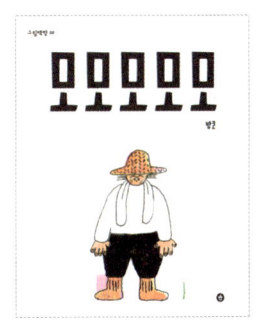

밤코 글·그림
향출판사

📖 그림책 펼치기

- 쌀을 만져 보며 탐색한 뒤, 벼의 한살이를 담은 그림 자료나 동영상을 활용하여 이야기 나눈다.

  "주머니 속에 무엇이 있을까요? 손으로 만져 본 느낌을 이야기해요."

  "어떻게 쌀이 되었을까요?"

- 앞표지를 보며 상상해 본다.

  "'모모모모모'라는 글자가 보이네요. '모모모모모'가 뭘까요?"

  (힌트) "농부 아저씨 옆에 초록색 세로줄이 하나 그려져 있네요."

- 그림책 이야기를 감상하며, 자유롭게 생각을 말해 본다.

  "농부 아저씨의 표정도 함께 볼까요? 왜 이렇게 웃고 있을까요?"

  (가장 행복한 장면, 화나는 장면, 속상한 장면, 재미있는 장면 찾기)

  "벼가 잘 자랄 수 있게 도움을 준 건 무엇이었는지 찾아볼까요?"

  "가장 기억에 남는 장면을 함께 표현해 볼까요?"

  - 벼가 바람에 휙휙 넘어질 때요. 오리도 날아가고 아저씨 머리는 대머리예요.

  "이 책을 읽고 난 느낌을 한 글자로 표현해 볼까요?"

  - 와와와와와, 짱짱짱짱짱, 척척척척척.

오감이 열리는 읽어 주기 Tip

- 타이포그래피 형식의 글자 위치와 상황을 분위기에 맞게 동작으로 표현하며 함께 읽기 좋은 그림책이다. 다음 장면에 어떤 낱말이 나올지 상상하며 읽는다.

  (타이포그래피 예 : 내기내기내기, 벼피벼피벼, 피뽑피뽑피, 벼벼벼벼벼, 욤욤욤욤욤)

- 페이지마다 벼가 자라는 과정과 알이 올챙이, 개구리가 되어 메뚜기를 잡아먹으려는 모습이 그림에 잘 나와 있다. 계절이 바뀌면서 벼와 개구리가 어떻게 자라는지 앞 페이지 그림과 비교하며 읽는다.

- 앞 면지와 뒤 면지의 그림을 보며 달라진 점을 찾고, 어떤 그림인지 상상해 본다.

농부의 땀방울을 생각하며, 쌀 방망이 새참

막대 과자와 쌀 튀밥을 활용하여 재미있는 글자 놀이를 하고 쌀 방망이를 즐겁게 만들어 보며, 쌀 한 톨에 담긴 농부의 정성과 새참의 의미를 알 수 있습니다.

요리 재료와 도구
- 쌀 튀밥 1봉지, 막대 과자 1통, 물엿(약병), 비닐 시트 1장, 종이 접시

요리 Tip
- 물엿을 약병 용기에 담으면 더욱 간편하게 바를 수 있다.

1 쌀로 만든 튀밥의 모양을 살펴보고 손으로 만져 본다.

2 막대 과자를 접시 위에 올려놓고 원하는 글자, 그림으로 자유롭게 꾸며 본다.

3 손으로 잡는 부분을 제외하고 물엿을 막대 과자 위에 적당히 바른다.

4 물엿을 바른 막대 과자를 쌀 튀밥 위에 데굴데굴 굴리면서 골고루 잘 묻힌다.

모모모모모 윷놀이

우리나라 대표적 전통 놀이인 윷놀이는 남녀노소 누구나 함께 즐길 수 있습니다. 윷놀이를 통해 규칙을 잘 지키는 법을 배우고, 말을 하나씩 옮기면서 수에 대한 개념도 익힐 수 있습니다. 그림책 스토리를 윷판에 담아 모모모모모 윷판을 만들고, 말이 도착한 곳에 해당하는 미션을 수행하며 즐겁게 벼의 한살이 과정을 이해할 수 있습니다.

놀이 도구   윷가락, 모모모모모 윷판(놀이 풍경 첫 번째 사진), 말, 쌀과자

놀이 즐기기

- 놀이 도구를 가지고 어떤 놀이를 할 수 있을지 이야기 나눈다.
  "윷가락, 윷판, 말을 갖고 어떻게 놀이를 할 수 있을까요?"
  "말이 올챙이 그림판에 도착하면 어떻게 이동하는 게 좋을까요?"
  "윷판에 모, 벼, 뼈, 쌀, 밥 글자가 왜 있을까요?"
  - 밥이 되는 과정이에요, 글자에 도착하면 선물이 있어요.
- 두 팀으로 나누어 순서와 차례를 정한다.
- 올챙이, 개구리, 오리(벼의 성장에 이로움) 그림은 2칸 앞으로 이동한다.
- 참새, 메뚜기(벼의 성장에 해로움) 그림은 3칸 뒤로 이동한다.
- 젖소, 풀, 낫 그림은 음음음음, 피뽑피뽑피, 벼벼벼벼벼의 동작을 흉내 낸다.
- 놀이가 끝나면 참여한 아이들과 함께 쌀과자를 즐겁게 나누어 먹는다.

오감을 깨우는 놀이 Tip

- 윷놀이의 규칙을 아이들과 함께 만들면 규칙을 쉽게 이해할 수 있고 더 재미있는 윷놀이를 즐길 수 있다.
- 기다리는 시간이 길 경우, 4명의 아이들이 각자 한 개의 윷가락을 동시에 던지도록 진행해도 좋다.

놀이 풍경

놀이 방법을 알아봐요.

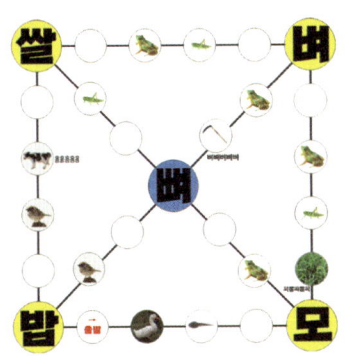

야호! 모 나왔다!

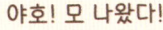

나 어때? 벼벼벼벼벼!

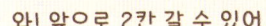

와! 앞으로 2칸 갈 수 있어.

벼의 한살이를 몸으로 표현해요

모를 심고 피를 뽑고, 태풍에 벼가 넘어지고, 잘 익은 벼를 베고 탈곡을 하여 마침내 밥이 되는 벼농사의 한살이를 동작으로 표현합니다. 이어, 가위바위보 게임으로 한 단계씩 오르다 보면 세상에 쉽게 얻을 수 있는 게 많지 않음을 알 수 있습니다.

놀이 도구

『모모모모모』 그림 속 장면 5장(모 심는 장면, 피 뽑는 장면, 벼가 넘어지는 장면, 벼를 베는 장면, 쌀이 되는 장면), 의자 3개(쌀 영역 표시), 호루라기

놀이 즐기기

- 벼의 한살이 장면을 시간 순서대로 배열하고 이야기 나눈다.
  (내기내기내기 → 피뽑피뽑피 → 또또또또또 → 벼벼벼벼벼 → 쌀쌀쌀쌀쌀)
- 각 장면을 몸으로 자유롭게 표현하고, 장면과 가장 잘 어울리는 동작을 함께 정한다.
- 모를 심는 동작을 표현하며 "모내기, 모내기"를 외치다가 호루라기 소리가 들리면 '모내기'끼리 만나 가위바위보를 한다.
- 진 아이는 계속 '모내기', 이긴 아이는 다음 단계 '피뽑기'로 올라간다.
- 최종 쌀 단계까지 먼저 올라간 3명은 사전에 약속한 의자에 앉는다.
  (의자에 앉아 있는 쌀끼리는 가위바위보를 하지 않는다.)
- 쌀 의자에 앉은 아이도 새로 쌀이 되어 올라온 아이와 가위바위보를 해서 이기면 계속 앉아 있지만, 지는 경우 첫 단계 모내기부터 다시 시작한다.
- 미리 시간을 정해 놓고 놀이를 진행할 수 있다.

오감을 깨우는 놀이 Tip

- 말을 하지 않고 몸짓으로만 표현하게 하면 신체 움직임이 더 활발하게 일어난다.
- 연령과 수준에 따라 그림 장면 수를 조절하고, 인원에 따라 의자의 개수도 달리한다.

놀이 풍경

장면을 보고 순서대로 놓아요.

가위바위보!
와~ 다음 단계로 이동!

나랑 같은 친구 어디 있지?

이번에 이기면 나도 쌀이 될 거야!

📖 놀이를 마무리하며

아이들과 함께 벼가 어떻게 자라는지 앞뒤 그림을 비교하고, 다음 페이지에 어떤 낱말이 나올지 상상하며 그림책의 페이지를 넘겼다. 아이들과 시끌벅적 이야기를 나누다 보면 신기하게도 작가의 마음과 통할 때가 있는데, 아이들은 자신이 상상한 글이 그림책에 나오면 환호하고 손뼉 치며 좋아했다. 논에서 개구리 알이 올챙이, 개구리가 되는 과정도 숨은그림찾기하듯 찾아보았는데, 벼가 자라는 논이 다양한 생명을 함께 키운다는 것을 자연스럽게 알 수 있었다.

아이들은 벼가 태풍에 넘어지는 장면에서 농부 아저씨의 벗겨진 머리와 놀란 표정의 오리들, 벼 글자들까지 바람에 넘어진 모습을 보고 배꼽이 빠지도록 웃었다. 이 그림책은 짧은 글에 담겨 있는 유쾌한 에너지를 아이들과 함께 나눌 수 있어 더욱 매력적이다. 책을 읽고 난 뒤에 글자를 손가락으로 짚으며 다시 읽는 아이들을 볼 수 있었다. 그림책에 나온 유일한 문장 "잘 먹겠습니다"를 큰 소리로 따라 읽고, 뒤표지의 표어를 다 함께 외우기, 바꿔 보기를 하면서 밥 한 톨의 소중함을 느껴 보았다.

쌀 튀밥으로 쌀 방망이 새참 과자를 만들며, 농촌에서 일하다가 중간에 먹는 새참의 의미를 생각해 보았다. 새참 과자를 만들어 먹으며 김홍도의 새참 먹는 풍속도도 함께 살펴보았는데, 더욱 뜻깊은 활동이 되었다. 아이들과 새참의 메뉴를 정하거나 함께 만든 쌀 방망이 새참을 소쿠리에 담아 보는 활동으로 넓히면 더욱 좋다.

모모모모모 윷놀이는 아이들과 함께 의논해서 그림이나 흉내 내기 등의 미션을 추가로 넣거나, 앞뒤 이동 칸 수를 바꾸면 더 재미있게 놀이를 즐길 수 있다. 유쾌한 말놀이와 반복되는 동작 놀이를 통해 벼의 한살이를 몸으로 표현하고 책 속 장면을 경험해 보면서 농부들이 얼마나 힘들게 일하는지 공감할 수 있었다.

함께 읽으면 좋은 그림책

『꽃밥』 정연숙 글, 김동성 그림, 논장

『벼가 자란다』 보리 편집부 글, 김시영 그림, 보리

빨갛게 대추가 익었어요

『대추 한 알』은 장석주 시인의 시 '대추 한 알'에 유리 작가가 그림으로 이야기를 더하여, 작은 열매 하나에 깃든 자연과 땀 흘려 일하는 농부의 모습을 아름답게 보여 줍니다. 어느 시골 논 옆에 있는 대추나무를 배경으로, 벼와 대추의 사계절 변화를 담았지요. 대추 한 알이 붉게 익기까지 태풍, 천둥, 벼락, 땡볕과 같은 수많은 어려움을 견디는 인내의 과정이 있었다는 것을 알게 됩니다.

장석주 시, 유리 그림
이야기꽃

대추 한 알이 맺혀서 익기까지 과정을 생각하며 아이들과 대추나무를 그려 봅니다. 풍선과 다양한 재료를 활용하여 천둥과 번개 소리를 만들고, 대추 한 알을 소중하게 옮기는 놀이를 하며 아이들은 자연에 고마움을 느끼게 됩니다. 대추를 싫어하거나 먹어 보지 못한 아이들을 위해 대추 과자 칩을 만드는 요리 놀이도 해봅니다.

📖 그림책 펼치기

- 대추에 대한 수수께끼를 내며 아이들과 이야기 나눈다.

  "나는 엄지손가락만큼 커. 길쭉둥글한 모양이야. 색깔은 빨갛고, 나를 씹으면 아삭아삭하고 달콤한 맛이 나! 그런데 시간이 지나면 점점 얼굴에 쭈글쭈글 주름이 생겨."

- 대추를 직접 만지고 먹어 보며 관찰한 다음, 아이들과 이야기 나눈다.

  "대추를 먹어 본 적이 있나요? 대추를 어디에서 보았나요?"

  "대추를 만져 보니 어떤가요? 어떤 냄새가 나요? 먹어 본 느낌은 어떤가요?"

- 그림책 표지를 살펴보며 이야기 나눈다.

  "표지에 무엇이 보이나요? 사람이 무엇을 하고 있는 것 같나요?"

  "제목을 읽어 볼까요? 그런데 대추는 어디에 있을까요?"

  "어떤 이야기가 펼쳐질 것 같나요?"

- 그림책의 면지를 살펴보며 이야기 나눈다.

  (앞 면지를 살펴보며) "무엇을 하는 것 같나요? 어떤 계절일까요?"

  (뒤 면지를 살펴보며) "앞 면지와 어떻게 달라졌나요?"

- 그림책의 본문에서 계절별로 변하는 대추의 모습을 살펴보며 이야기 나눈다.

  "봄에 벌이 꽃가루를 옮겨 주는데, 이때 대추는 무슨 말을 했을까요?"

  "여름에 천둥, 번개가 칠 때 대추는 어떤 말을 할까요?"

  "따뜻한 햇볕을 맞으며 대추는 색깔과 크기가 어떻게 변해 갈까요?"

  "햇볕을 받고 빨갛게 익어 가는 대추의 표정은 어떨까요? 표정을 지어 볼까요?"

  (마지막 페이지 농부의 손 그림을 살펴보며) "대추 한 알이 빨갛게 익고 성장할 때까지 누가 함께했을까요? 대추 한 알이 완성되기까지 누가 도와줬을까요?"

> **오감이 열리는 읽어 주기 Tip**
> - 대추의 변화를 중심으로 그림만 먼저 보여 주며 읽은 다음, 시와 그림을 함께 읽어 준다.
> - 천둥, 번개, 태풍의 소리를 아이들이 직접 만들거나 신체로 표현해 보게 하며 읽어 준다.

태풍과 땡볕을 이겨 낸 맛, 달콤 바삭 대추 과자

대추를 가위로 잘라서 말리면 비타민이 풍부하면서 맛 좋고 바삭한 과자로 변신합니다. 몸에 좋은 대추를 직접 과자로 만들어 보면서 아이들은 자신감이 샘솟습니다.

요리 재료와 도구
- 씨 없는 대추 1봉, 식가위, 건조기 또는 프라이팬

요리 Tip
- 씨 없는 대추를 사용하면 아이들이 좀 더 쉽게 대추를 자를 수 있다.
- 안전하게 가위를 사용하도록 안내한다.
- 건조기가 없을 경우 프라이팬에 넣고 약한 불에서 살짝 볶은 다음 햇볕에 3일 정도 말린다.

1 대추 과자 요리에 필요한 재료를 준비한다.

2 대추는 가위를 이용하여 3mm 정도의 두께로 얇게 자른다.

3 자른 대추를 접시에 모은다.

4 건조기에 자른 대추를 넣어 1일 정도 바싹 말린 뒤 변화를 살펴본다.

우리들이 함께 만든 대추나무

대추는 사계절의 변화 속에서 천둥, 번개, 벼락, 뜨거운 태양을 만나며 서서히 붉어집니다. 대추의 변화 과정을 떠올리며, 우리들만의 대추나무를 그리고 꾸며 봅니다. 또 비와 햇볕을 맞으며 점점 커지는 대추를 생각하며, 친구들과 함께 하나씩 하나씩 소중히 옮겨 봅니다. 생명의 소중함을 느끼고, 협동심과 배려심을 기를 수 있습니다.

놀이 도구 전지, 필기도구(색연필, 사인펜, 도트 페인트), 바구니 4개, 아이들이 만든 대추(색종이, 뿅뿅이, 점토 등), 까슬이, 보들이

놀이 즐기기

- 그림책에 나온 대추의 변화 과정에 대해 이야기 나눈다.
- 여러 가지 재료를 활용하여 대추나무를 만들고 꾸며 본다.
  "어떻게 대추나무를 표현할까요?"
  "대추나무에 비, 천둥, 해는 어디에 그리면 좋을까요?"
- 자신이 만들고 싶은 대추를 생각하고, 다양한 재료를 활용하여 만들고 꾸민다.
- 아이들이 만든 대추와 바구니를 제시한 다음, 어떤 게임을 하면 좋을지 이야기 나눈다.
  "우리가 정성으로 만든 대추를 옮길 때 잘 옮기려면 어떻게 해야 할까요?"
  - 대추에게 "사랑해", "고마워", "비, 바람, 번개 맞고 많이 커"라는 말을 하면서 옮겨요.
  - 옆 친구에게 코끼리 공기 손으로 옮겨 줘요, 떨어지지 않도록 천천히 옮겨요.
- 두 팀으로 나눈 다음, 마주 보고 옆으로 나란히 앉는다.
- 팀 이름을 정한다.
- 출발선에 앉은 아이가 대추에게 하고 싶은 말을 하면서, 옆자리 친구에게 코끼리 공기 손(양손을 깍지 끼고 양쪽 검지손가락만 사용)으로 대추를 한 개씩 전달한다.
- 바구니에 전달된 대추를 대추나무에 붙인다.

놀이 풍경

우리 함께 대추나무를 그려 보자.

코끼리 공기 손으로 하나씩 천천히.

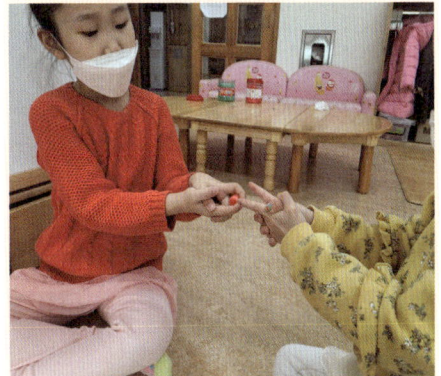

떨어지지 않게 조심조심 옮겨 봐!

대추야! 번개, 천둥, 햇볕을 맞고 많이 커!

대추 한 알 속에 숨은 천둥과 비

대추 한 알이 익기까지 햇볕과 수많은 천둥, 비 그리고 번개가 지나갑니다. 이런 과정을 거쳐 맛도 좋고 몸에도 좋은 대추가 되지요. 아이들과 함께 천둥과 번개 그리고 빗소리를 만들어 볼까요? 대추의 성장을 더 깊이 있게 느끼는 시간이 될 것입니다.

놀이 도구 풍선, 클립, 비즈, 매직, 시트지 속심(휴지 속심), 못(3cm) 30개 정도, 투명 시트지, 돌멩이, 투명 테이프, 가위, 목공용 망치, 드라이버, 송곳

놀이 즐기기

- 그림책에 나온 천둥 치는 모습과 빗소리를 살펴보며 이야기 나눈다.
  "천둥이 어떻게 쳤나요? 천둥소리를 몸으로 표현해 볼까요?"
  "비는 어떻게 내릴까요? 비가 내리는 모습과 소리를 몸으로 표현해 볼까요?"
- 교실에 있는 물건을 활용하여 천둥소리와 빗소리를 만들어 본다.
  "어떤 물건으로 천둥소리를 내어 볼까요?"
  "풍선으로 천둥소리를 어떻게 낼 수 있을까요?"

  (빗소리 악기 만들기 예)
  - 안전에 유의하여 시트지 속심에 못을 박고, 한쪽만 투명 테이프로 막는다.
  - 1cm 정도 크기의 돌멩이를 20개 정도 넣고, 반대쪽 입구도 막는다.
  - 투명 시트지로 전체를 한 번 더 감싼 다음 그림을 그린다.
  - 양옆으로 잡고 흔들며 빗소리를 내어 본다.
- 아이들이 만든 천둥과 빗소리 도구를 활용하여 신체 표현을 한다.

오감을 깨우는 놀이 Tip
- 아이들이 만든 악기를 이용해 음악극으로 확장할 수 있다.

놀이 풍경

클립, 비즈 또 뭘 넣어 볼까?

풍선을 흔들면 우르르 쾅쾅!

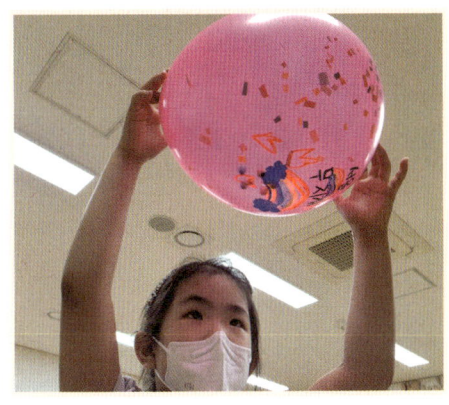

시트지 속심에 못을 박아 보자.

주르르 주르르 빗소리~

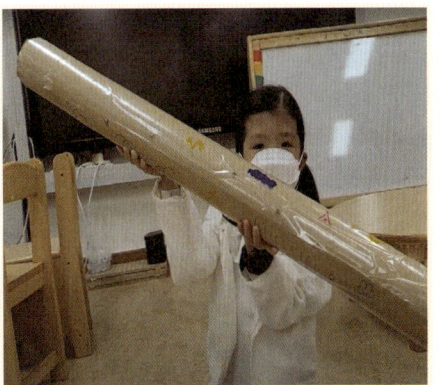

📖 놀이를 마무리하며

『대추 한 알』 그림에서 곤충과 나무의 변화 등을 자세히 살피고 관찰하였다. "비가 오고 천둥이 치는 것을 몸으로 어떻게 표현할 수 있을까요?" 하는 질문에 아이들은 "한 명은 나무가 되고, 한 명은 비가 되어 리본 끝으로 비를 뿌려요", "또 한 명이 풍선을 들고 흔들면서 천둥소리를 내요" 말하며 주변에서 물건을 가져와 표현하였다.

"천둥소리를 어떻게 만들 수 있을까요?" 또 물으니 손을 높이 올려 "우르르 쾅쾅" 크게 소리치면서 두 팔을 벌리고 발을 쿵쿵 굴렀다. "풍선에 바람을 넣어 그 속에 비즈를 넣으면 무슨 소리가 나는지 알아?", "클립, 색종이, 연필, 폼폼이 중 어떤 게 가장 큰 소리가 날까?" 말하며 풍선 속에 이것저것 넣어 다양하게 천둥소리를 만들기도 하였다.

빗소리 악기는 시트지의 속심에 못을 박아 만들었다. 플라스틱 망치, 가위, 드라이버, 송곳 등 다양한 도구를 활용해 구멍을 낸 다음 박았는데, 마치 목공소에 온 듯한 느낌이 들었다. 드라이버로 못을 고정할 때 드라이버 끝에 자석의 성질이 있다는 것을 발견하여, 드라이버로 못을 움직여 보는 놀이로 확장하기도 했다.

대추를 식가위로 얇게 잘라 말려서 과자 칩을 만들어 본 아이들은 "이렇게 쉽게 과자가 돼요?", "진짜 바삭하고 맛있어요", "나 혼자 집에서도 할 수 있겠어요. 엄마한테 대추 사 달라고 해야지" 하면서 대추에 친근감을 보였다. 작은 대추 한 알에도 깃드는 자연을 깊게 느껴 보는 시간이었다.

함께 읽으면 좋은 그림책

『우리 가족은 정원사입니다』 조안나 게인즈와 아이들 글, 줄리아나 스웨이니 그림, 나는별

『사계절』 퍼트리샤 헤가티 글, 브리타 테크트럽 그림, 키즈엠

2-8

풍요로운 가을에
사과가

'사과가 쿵!' 떨어지면서 이야기가 시작됩니다. 두더지, 개미, 다람쥐, 토끼 등 여러 동물들이 나와 사과를 갉아 먹는 모습을 의성어와 의태어로 표현하여, 그림책의 재미와 호기심이 배가 됩니다. 단순한 내용이지만 반복되는 이야기 구조 속에 동물들의 배려와 기다림이 엿보여 마음이 무척 따뜻해집니다.

쪽 쪽 쪽, 아삭 아삭 아삭, 우적 우적 우적 등 재미있는 말들을 읊조리면서 표정과 동작을 따라 하다 보면 어느새 『사과가 쿵!』 이야기 세상에 푹 빠지게 됩니다. 우리말의 아름다움과 재미를 느끼고 비어 있는 여백만큼 상상의 나래를 펼치며 읽을 수 있습니다. 동물 친구들이 함께해서 더 즐겁고 행복합니다.

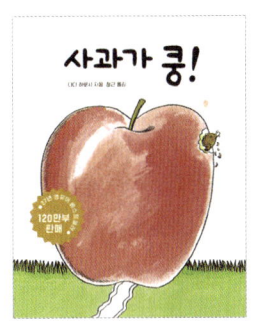

다다 히로시 글·그림
보림

📖 그림책 펼치기

- '사각사각', '아삭아삭', '우적우적' 등 소리를 나타내는 말을 들려주고 상상해 본다.

  "어디서 나는 소리일까요?"

  "이 소리를 들으니 어떤 느낌이 드나요?"

- 그림책 앞표지를 보며 이야기 나눈다.

  "사과는 어떤 냄새가 날까요?"

  "『사과가 쿵!』에는 누가 나올까요?"

- 그림책을 감상하고 함께 이야기 나눈다.

  "어떤 동물들이 나왔나요?"

  "두더지는 왜 사과 속에 있을까요?"

  "이 동물은 사과를 먹을 때 어떤 소리를 냈나요? '사각사각' 소리를 내어 볼까요?"

  "만약 내가 사과를 먹는다면 어떤 소리를 내고 싶나요? 소리를 몸으로 표현해 볼까요?"

  "한 동물이 사과를 먹을 때 다른 동물들은 어떻게 했나요?"

  "동물 친구들은 사과 심으로 무엇을 했나요?"

  "여러분은 사과 심으로 무엇을 하고 싶나요?"

오감이 열리는 읽어 주기 Tip

- 『사과가 쿵!』 제목을 들려줄 때 손동작으로 사과를 만든 다음, '쿵' 하고 떨어지는 모습을 표현하여 생동감 있게 들려준다.
- "누구지?", "누가 오고 있지?" 하고 아이들과 이야기를 주고받으면서 대화하듯이 그림책을 읽어 준다.
- 몸집이 작은 동물들과 큰 동물들이 사과를 먹을 때 나오는 소리를 몸집의 크기에 맞게 목소리의 고저를 달리하여 들려준다. 또 동물 친구들이 사과를 먹는 소리를 아이들과 함께 내어 보고, 몸으로 표현해 본다.

사과 나뭇잎이 달린 식빵 나무

'사과가 쿵!' 떨어졌네요! 동글동글 사과를 얇게 썰어 노릇노릇 구워진 식빵 나무 위에 꾸미면 새콤달콤 식빵 나무가 완성됩니다.

요리 재료와 도구
- 식빵 1개, 사과 1/4쪽, 딸기잼 2T, 버터 1T, 프라이팬, 플라스틱 칼, 작은 스푼, 위생 장갑

요리 Tip
- 식빵 나무 위에 잘게 썬 사과로 나뭇잎을 꾸민다. 먹을 때는 식빵과 식빵 사이에 사과 나뭇잎을 넣어 식빵 샌드위치로 만들어 먹어도 좋다.

1 식빵을 반으로 자른 다음, 프라이팬에 버터를 둘러 노릇노릇 굽는다.

2 사과를 플라스틱 칼로 얇게 썬 뒤, 어떤 모양을 닮았는지 이야기한다.

3 접시에 구운 식빵을 두 겹으로 올려놓고, 사과를 나뭇잎처럼 꾸민다.

4 딸기잼을 작은 스푼으로 반 스푼 떠서 사과 나뭇잎에 올린다.

한걸음, 사과가 쿵! 표지판을 따라서

『사과가 쿵!』을 감상하고 나서 그림책 속에 나오는 다양한 소리들이 재미있었는지 몇몇 아이들이 종일 소리를 내며 먹는 흉내를 냅니다. 옆에 있던 아이들도 리듬감 있는 의성어에 덩달아 신나서 다양한 어휘를 몸으로 표현합니다. 그래서 '사과가 쿵!' 표지판을 따라 이동하면서 해당하는 의성·의태어를 몸으로 표현하는 놀이를 준비했습니다.

놀이 도구   '사과가 쿵!' 표지판, 막대, 삼각기둥 받침대, 매직, 사인펜, 투명 테이프, 가위

놀이 줄기기

- 『사과가 쿵!』에 나오는 동물들은 사과를 먹을 때 어떤 소리를 내는지 말해 본다.
  "어떤 소리가 났나요? 또 어떤 소리를 낼 수 있을까요?"
- '쪽 쪽 쪽, 우적 우적, 와사삭 와사삭' 등의 소리를 몸으로 표현해 본다.
- '달콤해, 새콤해'와 같이 맛을 나타내는 말이 나오면 어떤 표정을 지을지 생각해 보고, 다양한 표정을 지어 본다.
- 아이들과 함께 사과를 먹을 때 나는 소리나 맛 중에 표현하고 싶은 말을 정한 다음, '사과가 쿵!' 표지판에 들어갈 단어를 글로 쓴다. 아이가 글로 쓰기 어려워할 경우, 교사가 아이가 말한 것을 적어 준다.
- '사과가 쿵!' 표지판을 어디에 놓을지 의논하여 적당한 거리에 놓는다.
- 모둠별로 '한 걸음, 사과가 쿵!' 구음에 맞춰 '사과가 쿵!' 표지판으로 한 걸음 이동한다. 표지판에 나오는 의성·의태어를 보고 제자리에서 해당하는 의성·의태어를 말하며 몸으로 표현한다.

  ('한 걸음, 사과가 쿵!' 구음 예)

  한 걸음 가서 쿵쿵쿵! 또 한 걸음 가서 쿵쿵쿵!

  사과가 쿵! 아삭 아삭 아삭! (사각 사각, 우적우적, 달콤해! 등)
- 놀이가 끝나면 어떤 의성·의태어가 가장 기억에 남았는지 말해 본다.

놀이 풍경

내가 만든 '사과가 쿵!' 표지판

'사과가 쿵!' 표지판을 여기에 놓자!

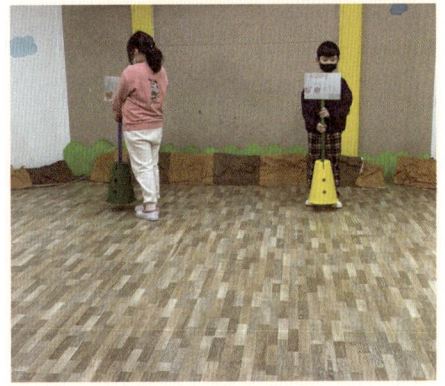

한걸음 가서 쿵쿵쿵!

사과가 쿵! 아삭 아삭 아삭!

우리들이 만든 커다란 사과 심

동물 친구들이 사과 심으로 비를 피하는 모습을 보고, 아이들도 커다란 사과 심을 만들자고 합니다. 모둠별로 필요한 재료를 가지고 와 사과 심을 열심히 만듭니다. 그때 한 아이가 이동하다가 다른 모둠의 블록을 쓰러뜨렸습니다. 아이들은 화를 내기보다 "다시 만들면 되지 뭐!" 하며 다시 블록을 쌓았습니다. 서로 이해하며 함께하는 그림책의 내용이 아이들 마음에 전해진 것 같아, 다시 한 번 그림책의 힘을 느꼈습니다.

놀이 도구 사과 심 그림, 사과 심 재료(종이 벽돌, 대 블록, 긴 막대 등)

놀이 즐기기

- 사과 심은 어떻게 생겼는지, 무엇으로 만들고 싶은지 말해 본다.
    - 종이 벽돌로 만들고 싶어요, 큰 블록으로 만들래요, 긴 막대로도 만들 수 있어요.
- 모둠별로 의논하여 사과 심을 어떻게 만들지 의논한다.
  "사과 심을 만들 때 어떻게 만들고 싶나요?"
    - 종이 벽돌을 위아래로 놓고 가운데는 긴 막대를 놓고 싶어요, 큰 블록을 둥글게 놓고 싶어요, 우리들도 들어갈 수 있는 사과 심을 만들고 싶어요.
  "우리들이 사과 심에 들어가려면 크기가 얼마나 돼야 할까요?"
- 모둠별로 선택한 재료로 사과 심을 만들어 본다.
- 사과 심에서 무엇을 하고 싶은지 이야기 나눈 다음, 친구들과 함께 놀이한다.
    - 사과 심 자동차에서 운전을 하고 싶어요, 사과 심에서 시소 놀이를 해요.
- 친구들과 함께 사과 심을 만들어 보니 어땠는지 자신의 생각을 자유롭게 말한다.

오감을 깨우는 놀이 Tip
- 사과 심을 만들 때 서로 의견이 다를 경우, 서로 의논하여 다투지 않고 협력해 만들도록 돕는다.

놀이 풍경

사과 심을 어떻게 만들까?

종이 벽돌로 사과 심을 만들 거야!

큰 블록으로 사과 심을 만들자!

사과 심이 자동차야! 운전을 해야지!

📖 놀이를 마무리하며

『사과가 쿵!』은 아이들이 좋아하는 동물들이 많이 나오고, 이야기 구조가 간결하고 반복되어 아이들이 참 좋아하는 책 중 하나다. 오늘도 『사과가 쿵!』을 들려 달라고 한 아이가 그림책을 가지고 왔다. 교사가 "사과가 쿵!" 소리를 내며 동작으로 표현하자, 아이들도 커다란 동작으로 사과를 만들며 즐거워하였다. 동물들이 사과를 갉아먹는 장면에서는 자신들이 그림책 속 동물이라도 된 것처럼 손을 입 주변에 대고 먹는 흉내를 냈다.

아이들과 함께 『사과가 쿵!』에 나오는 재미있는 말들을 찾아보고 표지판을 만들어 몸으로 표현해 볼 때, 한 아이가 '날름날름'을 표현하는 부분에서 갑자기 마스크를 내리고 혀를 내밀며 날름날름하였다. 다른 한 아이가 "지금 코로나라서 마스크 내리면 안 돼" 말하자, 아이가 얼른 마스크를 다시 썼다. 아이들에게 "마스크를 벗지 않고 날름날름을 어떻게 표현하면 좋을까요?" 물어보았다. 여러 아이들이 팔을 앞으로 쭉 내밀며 "이렇게 표현하면 되잖아요!" 하며 자신의 생각을 말했다.

아이들과 놀이를 할 때 간혹 위험하거나 안전하지 못한 상황이 발생할 수 있다. 이때 교사가 상황 파악 없이 결과에 집중하여 설명하거나 지적하기보다 아이들 스스로 발견하여 해결해 볼 수 있게 돕는다면, 아이들은 스스로 자신의 몸을 보호하며 안전하게 놀이할 것이다.

함께 읽으면 좋은 그림책

『커다란 사과가 데굴데굴』, 심미아 글·그림, 느림보

『이게 정말 사과일까?』, 요시타케 신스케 글·그림, 주니어김영사

2-9
모두 다
고구마구마!

제목부터 호기심을 끄는 『고구마구마』는 각양각색 고구마의 특징을 둥글구마, 길쭉하구마, 크구마, 작구마 등 특유의 어투로 잘 살려, '고구마' 이야기를 재미있고 유쾌하게 담아냅니다. 아이들은 평소에 그다지 관심을 두지 않았던 고구마의 생김새를 자세히 들여다보면서 저마다의 개성과 장점을 발견합니다. 또 재미있는 어투에 깔깔깔 웃으며 따라 말하거나 몸짓으로 흉내를 냅니다. 간결한 문장과 실감 나는 고구마 그림이 아이들의 시선을 집중시켜 그림책을 여러 번 반복해서 읽어도 지루하지 않습니다.

사이다 글·그림
반달

일상에서도 아이들은 친구들에게 멋지구마, 사랑스럽구마, 잘하는구마, 괜찮구마 등 '~구마'를 사용하여 친구들의 장점을 이야기합니다. 저마다 생김새가 다르다고 놀리는 것이 아니라 각각의 개성을 존중해야 함을 자연스럽게 느끼게 하는 『고구마구마』는 아이들과 교사의 마음에 오래 남을 재미와 감동을 선사합니다.

📖 그림책 펼치기

- 여러 고구마 중에 가장 마음에 드는 고구마를 선택한 뒤, 함께 이야기 나눈다.

    "이 고구마를 왜 선택했나요?"

    "내가 선택한 고구마를 자세히 들여다봐요. 어떻게 생겼나요?"

    "이 고구마에 어떤 이름을 붙여 주고 싶나요?"

- 그림책 앞표지를 보며 이야기 나눈다.

    "이 고구마는 어떤 표정을 짓고 있나요?"

    "이 고구마의 표정을 따라 지어 볼까요?"

    "고구마들 중에 어떤 고구마가 가장 눈에 띄나요?"

    "그림책 제목을 왜 『고구마구마』로 지었을까요?"

- 그림책 앞 면지를 살펴보며 이야기 나눈다.

    "그림을 자세히 들여다봐요. 면지를 가득 채운 이 그림은 무엇일까요?"

    "바로 고구마 덩굴이에요. 고구마는 어디에 있을까요?"

- 그림책을 감상한 뒤, 자신의 생각을 말해 본다.

    "어떤 고구마가 가장 기억에 남나요?"

    "그림책 속에 나오는 고구마구마를 몸으로 표현해 볼까요?"

    "이번에는 그림을 보며 가장 작은 고구마를 따라가 볼까요?"

    "마지막에 가장 작은 고구마는 어떻게 되었나요?"

    "이 고구마구마에게 어떤 말을 해 주고 싶나요?"

오감이 열리는 읽어 주기 Tip

- 첫 페이지를 넘기면 기다란 덩굴을 쭉 뽑아 올리는 장면이 나온다. 이때 힘을 주어 덩굴을 뽑는 시늉을 하며 적절한 의성어를 사용한다. 실감 나게 들려주어 다음 장면에 호기심을 갖게 한다.
- 각 고구마의 특징을 살려 목소리의 높낮이를 달리하여 읽어 준다. 또 '~구마'의 화법을 잘 살려 재미있게 들려준다.

고구마 꽃이 피었습니다

맛있는 고구마 꽃이 피었습니다! 모양도 맛도 다른 고구마가 저마다 다른 재료를 얹고 뽐내네요. 고구마에 여러 재료를 얹으면 고구마와 재료가 조화를 이뤄 아름다운 꽃이 됩니다.

요리 재료와 도구
- 찐 고구마 1개, 잘게 썬 맛살, 당근, 데친 햄 각 2T, 플라스틱 칼, 작은 스푼

요리 Tip
- 찐 고구마를 껍질째 잘라서 하는 요리이므로, 깨끗이 씻어서 앞과 뒤를 잘라 낸 다음 미리 쪄 놓는다.

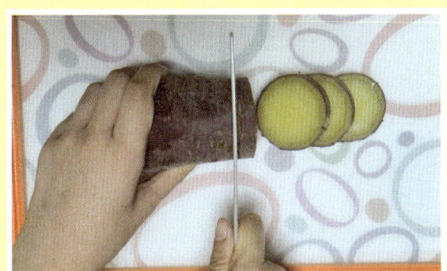

1 찐 고구마를 먹기 좋게 자른다.

2 작은 스푼으로 자른 고구마 가운데에 홈을 판다.

3 잘게 썬 맛살, 햄, 당근을 홈을 판 고구마에 각각 넣는다.

4 여러 재료를 넣은 고구마를 꽃처럼 꾸민다.

고구마구마 자랑 전시관

아이들은 '~구마' 체가 재미있는지 '의자구마', '맛있구마', '안녕하구마' 등 일상에서 사용하는 자신의 말에 '~구마'를 붙여 말합니다. 관찰을 위해 준비한 여러 고구마를 보면서도 '잘생겼구마', '멋있구마', '예쁘구마' 하고 '~구마'로 이야기합니다. 한 아이가 고구마를 꾸며 보고 싶다고 하여, 고구마를 사진으로 촬영하여 꾸미고 전시관을 열었답니다. 우리들이 준비한 '고구마구마 자랑 전시관'에 놀러 오세요!

놀이 도구   1인당 고구마 1개, 눈알 스티커, 사인펜, 띠 골판지, 말 주머니 틀

놀이 즐기기

- 여러 고구마의 생김새를 살펴보고, 각 고구마의 자랑거리를 말해 본다.
  - 이 고구마는 색깔이 진해요, 이거는 길쭉해요, 내 고구마는 통통해요.
- 아이들이 고구마 1개를 각각 선택하여 직접 사진 촬영을 하도록 한다.
  "우리가 고른 고구마를 어디에 놓고 사진을 촬영하면 좋을까요?"
  "이 고구마가 사진에 잘 나오려면 어떻게 촬영해야 할까요?"
- 교사는 아이들이 촬영한 고구마 사진을 출력하여 나눠 주고, 어떻게 꾸미면 좋을지 이야기 나눈다.
  - 스티커를 붙여요, 모자를 씌워 줘요, 사인펜으로 옷을 그려 줘요.
- 고구마 사진을 꾸민 다음, 띠 골판지를 사용하여 액자를 만들어 본다.
- 고구마 사진 액자를 살펴본 뒤, 고구마의 자랑거리를 '~구마'를 사용하여 글로 표현해 본다. 자신의 생각을 글로 표현하기 어려워하면 교사가 아이가 말한 것을 그대로 적어 준다.
- 고구마구마 사진을 전시하고, 친구들과 함께 감상한다.
- 친구들이 꾸민 고구마구마 전시 사진 중에 이름을 붙여 주고 싶은 고구마를 선택한 뒤, 말 주머니 틀에 이름을 적어 사진 액자 주변에 붙인다.

놀이 풍경

찰칵! 고구마가 잘 나와야 할 텐데!

고구마 사진을 예쁘게 꾸며야지!

고구마구마 사진을 전시하자!

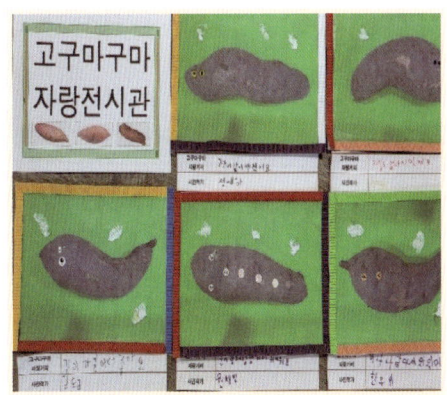

친구의 고구마구마에 또 다른 이름을 붙이자!

나처럼 해봐요, '~구마' 놀이

'나처럼 해봐요, ~구마 놀이'는 친구들에게 평소 들려주고 싶은 말이나 칭찬을 노래와 구음으로 표현하는 놀이입니다. '최고! 괜찮아! 소중해!' 등의 말은 아이들 마음속에 자신감의 씨앗을 심어 주고, 나와 다른 사람을 사랑하는 열매를 맺게 합니다. 재미있는 '~구마' 체로 아이들의 마음을 빛나게 하는 놀이, 다 함께 해볼까요?

놀이 즐기기

- 다 함께 동그랗게 앉아 친구들의 이름을 부르고, 친구에게 해 주고 싶은 말을 몸으로 표현해 본다.

  "친구의 이름을 부른 다음 어떤 말을 해 주면 좋을까요?"

  - '최고! 멋있어! 소중해!'라고 말해 줘요.

  - 고구마구마처럼 '최고구마! 소중하구마!' 하고 말해요.

- '나처럼 해봐요!' 노래를 부르고, '나처럼 해봐요, ~구마 놀이'에 어떤 말과 동작을 넣고 싶은지 이야기 나눠 본다.

  ('나처럼 해봐요, ~구마 놀이' 예)

  나처럼 해봐요, 구마 놀이! 나처럼 해봐요! 구마 놀이!

  나처럼 해봐요, 최고구마! / 최고구마! 최고구마! 최고구마!

  나처럼 해봐요, 빛나구마! / 빛나구마! 빛나구마! 빛나구마!

  나처럼 해봐요, 괜찮구마! / 괜찮구마! 괜찮구마! 괜찮구마!

- 두 팀으로 나누어 한 팀이 선창을 하면 다른 팀이 동작과 함께 후창을 한다.

  (예 : 한 팀이 '나처럼 해봐요, 최고구마!' 하고 노래를 부르면서 엄지손가락으로 최고 표시를 하면, 다른 팀은 '최고구마! 최고구마! 최고구마!'를 동작과 함께 큰 소리로 외친다.)

놀이 풍경

최고는 어떻게 표현할까?

나처럼 해봐요, 노래는 재밌어!

나처럼 해봐요, 빛나구마!

빛나구마! 빛나구마! 빛나구마!

2부 / 계절에 만나는 음식

📖 놀이를 마무리하며

『고구마구마』는 고구마에 '~구마'를 붙여, 더 재밌게 읽고 표현할 수 있는 그림책이다. 아이들에게 이 책을 들려주니 일상에서도 '~구마'를 사용하여 말을 한다. 또 평소에 고구마에 관심이 없던 아이들도 "선생님, 우리도 고구마 키워요!" 하며 고구마 키우기에 관심을 보였다.

아이들은 고구마를 유심히 살펴보고 "이 고구마는 앞이 통통해서 짱구 같아!", "이 고구마는 자동차 같아서 멋져!", "이 고구마는 길이가 길어서 우리가 많이 먹을 수 있어!" 하며 각 고구마의 특징을 이야기하였다. 아이들과 함께 여러 고구마를 관찰하고, 가장 마음에 드는 고구마 하나를 선택해 사진 촬영을 하기로 하였다. 아이들은 사진 작가가 된 것처럼 고구마를 이쪽저쪽으로 돌려 보며 가장 괜찮은 부분을 찍으려고 노력하였다.

촬영한 고구마 사진을 출력하여 아이들에게 주자, 아이들은 아주 뿌듯한 표정을 지으며 "선생님, 이 사진을 전시하고 싶어요" 하고 제안하였다. 다른 아이들도 동의하여 '고구마구마 자랑 전시관'을 개최하였다. 친구들이 전시한 고구마 사진을 보고 또 다른 자랑거리를 말 주머니에 써서 붙였다. 아이들은 교사가 발견하지 못한 작은 것도 발견하며 칭찬을 하였다. 고구마 덩굴처럼 아이들 마음에 사랑의 덩굴이 점점 퍼져 나가는 것이 눈에 보이는 듯했다.

아이들의 사랑스러운 마음을 담아 친구들에게 칭찬해 주고 싶은 말을 몸으로 표현해 보는 시간을 가졌다. "최고야!", "멋져!", "잘했어!" 등을 친구들에게 노래로, 몸으로 표현해 보면서 마음을 전하였다. 교사가 굳이 "친구들과 사이좋게 지내야지" 말하지 않아도, 아이들은 놀이를 통해 친구들과 함께해서 즐겁고 행복하다는 것을 자연스럽게 느낀다.

함께 읽으면 좋은 그림책

『고구마유』, 사이다 글·그림, 반달

『프레드릭』, 레오 리오니 글·그림, 시공주니어

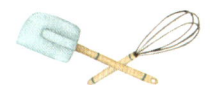

감귤 기차 타고
눈 속을 달려

미나와 할머니의 어색한 첫 만남. 둘의 관계는 아직 서먹합니다. 미나는 할머니가 내민 귤 바구니에서 우연히 오래된 기차표를 발견합니다. 향긋한 귤 냄새가 가득한 기차표는 미나를 행복한 상상 여행으로 초대합니다.

'칙칙폭폭, 치익치익, 폭폭, 푸우푸우~' 감귤 기차가 도착하자 미나는 귤 한 개와 기차표를 내밀고 객실에 올라탑니다. 그리고 할머니의 어릴 적 모습인 한 소녀를 만나 함께 기차 여행을 합니다. 함박눈 역에 내려 눈 친구들과 귤 썰매를 타고 귤 축제도 열었습니다.

김지안 글·그림
재능교육

아이들을 환상의 나라로 이끌어 주는 『감귤 기차』는 특별한 재미와 따뜻한 감동을 선사합니다. 몸과 마음을 따뜻하게 녹여 주는 '감귤 청'을 마시며, 향긋한 귤 냄새가 진동하는 새콤달콤한 귤 축제 속으로 우리 함께 떠나 볼까요?

📖 그림책 펼치기

- 귤껍질이 들어간 주머니를 보여 주며 '귤' 수수께끼를 낸다.

  "냄새를 맡아 보세요. 무엇일까요?"

- 귤 5개를 나란히 놓아, 감귤 기차를 만들어 본다.

  "귤이 하나, 둘, 셋, 넷, 다섯! 감귤 기차가 되어 여행을 떠날 준비를 한대요!"

- 그림책 표지를 보며 상상해 본다.

  "감귤 기차는 어떤 기차일까요?"

  "감귤 기차에서 나오는 연기는 어떤 색깔인가요?"

  "감귤 기차는 어디로 여행을 갈까요?"

  "여러분은 감귤 기차를 타고 어디로 가고 싶나요?"

- 아이들과 함께 감귤 기차가 내는 소리를 만들어 본다.

- 그림책을 감상하고, 함께 이야기를 나눈다.

  "미나는 기차 안에서 누구를 만났나요?"

  "이 소녀는 누구였을까요?"

  "할머니가 다시 꼬마 아이가 된다면 할머니와 무엇을 하고 싶나요?"

  "함박눈 역에서 내려 무엇을 했나요?"

  "그림책 속 주인공들은 어떤 놀이를 했나요?"

  "미나는 귤껍질로 어떤 놀이를 하기로 했나요?"

  (뒤 면지에 있는 귤껍질을 보며) "귤껍질은 무엇이 되었나요?"

오감이 열리는 읽어 주기 Tip

- 기차 소리(칙칙폭폭, 치익치익 폭폭, 푸우푸우 등)와 불꽃놀이 소리 등을 실감 나게 들려주어 아이들의 상상력을 돕는다.
- 할머니와 안부 전화를 하면서 할머니의 어린 시절은 어땠는지, 할머니와 어디로 여행을 가고 싶은지 함께 이야기 나눠 본다.

새콤달콤 감귤 청으로 만든 감귤 에이드

직칙폭폭 상상 여행을 마친 감귤 기차가 추운 겨울 우리의 몸과 마음을 녹여 줄 감귤 청으로 변신했어요. 감귤 청으로 만든 감귤 에이드는 간단한 재료로 쉽게 만들어 볼 수 있습니다. 비타민이 풍부해 감기 예방에도 좋지요.

요리 재료와 도구

- 귤 2개(베이킹 소다로 세척), 설탕 5T(청 위에 덮을 설탕 2T 포함), 열탕 소독한 유리병, 사이다 또는 탄산수, 유리컵, 빨대, 숟가락

요리 Tip

- 농약 제거를 하려면 귤껍질을 까기 전에 베이킹 소다로 세척한다.
- 감귤 청을 하루 숙성한 뒤 냉장 보관한다.

1 귤껍질을 까서 알맹이를 분리한다.

2 귤과 설탕을 1 : 1 비율로 넣고 섞는다.

3 유리병에 내용물을 담고 내용물이 보이지 않게 설탕을 덮는다.

4 하루 동안 실온에서 숙성한 뒤, 어떻게 되었는지 살펴본다. 사이다를 넣어 감귤 에이드 완성!

칙칙폭폭 감귤 기차 놀이

아이들은 상상 속에 등장하는 '감귤 기차'를 여러 가지 재료를 사용해 만들어 보면서 우리들만의 감귤 기차 놀이를 기대합니다. 친구들과 역할(기관사, 승객)을 나누어 놀이하는 과정을 통해 차례를 지키는 방법을 알고 서로 협력하는 마음을 기르게 됩니다.

놀이 도구

감귤 기차 - 바퀴 달린 정리함 또는 아이들이 들어갈 만한 크기의 리빙 박스, 주황색과 초록색 색상지, 가위, 색연필 / 터널 - 백업 2줄, 의자 4개, 흰색 망사 천, 책상 / 눈 대포 - 플라스틱 컵, 칼, 풍선, 탁구공(스티로폼 공), 솜 / 기차표 - 도화지, 색연필, 가위 등

놀이 즐기기

- 놀이 도구를 탐색하면서 어떤 감귤 기차와 기찻길을 만들지 이야기 나눈다.
  <아이들이 주고받은 이야기>
  - 칙칙폭폭 감귤 기차가 움직이려면 바퀴 달린 상자가 필요해!
  - 솜으로 눈을 만들자!
  - 터널을 만들 때 의자랑 백업을 사용하자!
  - 감귤 기차에 타려면 티켓을 내야지.
- 도화지에 색연필로 그림을 그려 감귤 티켓을 꾸민다.
- 여러 가지 재료로 감귤 기차, 기찻길(함박눈 역, 감귤 불꽃놀이 축제)을 구성한다.
  - 눈 대포를 만들 때 플라스틱 컵 밑면을 칼로 잘라 뚫는다.
  - 풍선 끝(부는 곳의 반대편)을 2cm 정도 가위로 자른 다음 플라스틱 컵 구멍 뚫린 쪽에 씌운다.
- 놀이할 때 지켜야 할 약속을 정하고 다 함께 감귤 기차 놀이를 한다.
  (예 : 감귤 기차를 세게 밀지 않는다. 친구를 향해 눈 대포를 쏘지 않는다)

놀이 풍경

감귤 기차를 만들자!

감귤 축제 티켓을 만들어 볼까?

함박눈 터널을 지나가자!

기차 타고 감귤 불꽃축제 여행을 떠나요!

재미있는 귤껍질 놀이

귤껍질로 무드 등 만들기, 그림 그리기, 이야기 만들기 등 다양한 놀이를 할 수 있습니다. 놀이를 통해 버리는 귤껍질이 유용하게 사용될 수 있음을 알게 될 뿐 아니라, 다양한 방법으로 무언가를 만들어 보는 경험도 할 수 있습니다.

놀이 도구   귤껍질, 가위, 매직, 흰 종이, LED 등(또는 휴대폰 플래시)

놀이 즐기기

<귤껍질 디자인 놀이>

- 귤껍질에 자신이 그리고 싶은 그림을 매직으로 그린다.
- 디자인대로 귤껍질을 뜯거나 가위로 오린다.
- 디자인한 귤껍질을 흰 종이 위에 올리고, 어떤 모양인지 친구와 이야기 나눈다.

> 오감을 깨우는 놀이 Tip
> - 매직은 잘 지워지지 않으므로 깔판을 깔고 작업을 하도록 아이들에게 사전 안내를 한다.
> - 디자인한 귤껍질을 크게 떼어 내도록 안내한다.

<귤 무드 등 놀이>

- 귤 아랫부분 껍질을 동그랗게 뜯어낸 다음 귤 알맹이를 그 사이로 빼낸다.
- 귤 아래쪽에 LED 등이나 휴대폰 플래시를 가져다 댄다.
- 빛을 비추어 귤껍질이 어떻게 보이는지 이야기 나눈다.

> 오감을 깨우는 놀이 Tip
> - 귤 무드 등 놀이할 때 나오는 귤 알맹이는 감귤 청 만들기 재료로 활용한다.

놀이 풍경

테두리를 따라 껍질을 뜯어요!

이건 나비랑 새야!

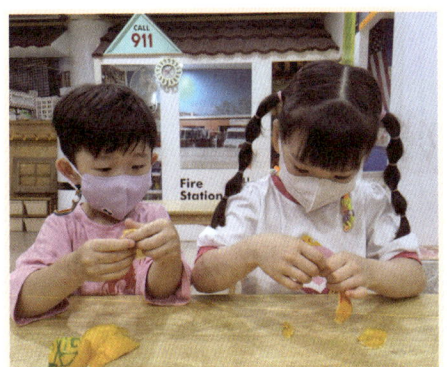

귤 알맹이가 쏙 나오게
껍질을 조금만 뜯어 볼까?

귤 무드 등이 야광 공 같아!

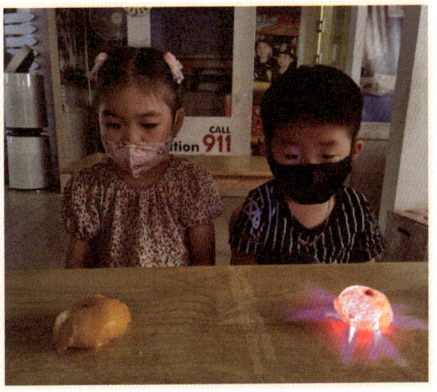

📖 놀이를 마무리하며

그림책을 감상하면서 몇몇 아이들이 "감귤 기차 타고 싶어요", "귤 먹고 싶어요" 말해서 귤을 활용한 요리와 놀이를 하기로 정했다. 귤이 나오는 그림책 덕분에 감귤 기차 놀이를 하면서 상상의 나래를 펼칠 수 있었다. 또 귤로 할 수 있는 여러 가지 놀이에 대해 생각해 보는 시간을 가질 수 있었다.

감귤 청을 만들며 귤의 색깔, 모양, 냄새, 맛, 느낌을 언어로 표현해 보았다. 그 뒤로 아이들은 주변 사물을 탐색할 때 "이건 울퉁불퉁한 느낌이야", "새콤달콤해서 맛있어" 하며, 체감각을 사용해 다양한 어휘로 표현하는 모습을 보였다. 귤 속에 여러 가지 종류의 비타민이 함유되어 있다는 것을 알고, 귤을 잘 먹지 않던 아이들이 먹어 보겠다고 도전하는 모습도 인상적이었다.

감귤 청을 만들 때 귤껍질에서 우연히 나온 모양을 보고 아이들이 "하트 모양 같아", "이건 자동차 모양이야" 말하는 모습을 보고, 귤껍질 놀이도 하였다. 귤껍질에 매직으로 그림을 그리고 모양대로 뜯은 다음, 그 모양에 이름을 붙였다. 처음에는 이름만 짓던 아이들이 놀이에 점점 흥미를 느끼고, 모양을 연결해 이야기를 재미있게 구성하였다.

귤껍질로 무드 등을 만들 때는 아이들이 "귤껍질에서 무지개 색깔이 나와", "귤이 야광 공 같아", "내 방 침대 옆에 놓으면 무섭지 않을 것 같아" 말하며 신기해하였다. 그냥 버리는 것으로 생각했던 귤껍질로 놀이를 하면서 아이들은 버리는 물건을 다시 활용할 수 있다는 사고의 전환을 할 수 있었다. 귤과 관련된 그림책 한 권을 가지고 다양한 놀이를 해보며 아이들뿐 아니라 교사인 나도 여러 가지로 새로운 경험을 할 수 있었다. 무척 의미 있는 시간이었다.

> **함께 읽으면 좋은 그림책**
>
> 『거인 아저씨 배꼽은 귤 배꼽이래요』 후카미 하루오 글·그림, 한림출판사
>
> 『뒤로 가는 기차』 박현숙 글, 김호랑 그림, 한림출판사
>
> 『시간 계단』 마스다 미리 글, 히라사와 잇페이 그림, 키위북스

3부
골고루 냠냠, 건강 쑥쑥!

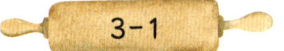

편식은 이제 그만!

『난 토마토 절대 안 먹어』는 편식을 하는 동생 롤라에게 오빠가 밥을 차려 주면서 즐거운 식사 시간을 갖게 해 주는 이야기입니다. 당근은 토끼나 먹는 거라며 거들떠보지도 않고 콩은 작고 초록색 투성이라 싫다는 롤라는 먹기 싫은 이유가 아주 많습니다. 오빠 찰리는 "이건 당근이 아니라 목성에서 나는 오렌지뽕가지뽕"이라며, 롤라의 생각을 바꿔 줍니다.

로렌 차일드 글·그림
국민서관

기존에 가졌던 편견으로 편식을 하는 아이들에게 생각의 프레임을 바꿀 수 있도록 음식의 이름을 바꿔 보는 놀이를 해보았습니다. 아이들은 재미있게 바꾼 이름을 부르면서 종일 깔깔 웃을지 모릅니다. 어쩌면 지금까지 싫어하던 음식에 새롭게 다가갈 수 있는 즐거운 기회가 될지도 모르지요. 아이들이 직접 키운 식재료를 이용한 요리 놀이도 해봅니다. 아이들과 직접 식물을 키우면 오감이 발달할 뿐 아니라, 편식을 개선해 나가는 데 큰 도움이 됩니다.

📖 그림책 펼치기

- 자신이 좋아하는 음식과 싫어하는 음식에 대해 서로 이야기 나눈다.
- 그림책의 앞표지를 보며 이야기 나눈다.

  "찰리는 누구를 바라보고 있나요?"

  "롤라의 표정은 어떤가요?"

  "롤라는 무엇을 바라보고 있나요?"

- 토마토를 먹어 본 경험에 대해 이야기 나눈다.

  "토마토를 먹어 본 적 있나요?"

  "토마토를 먹을 때 어떤 기분이었나요?"

- 그림책을 감상한 다음 이야기 나눈다.

  "누가 나왔나요?"

  "롤라는 어떤 음식을 싫어하나요?"

  "롤라의 행동을 보고 어떤 느낌이 들었나요?"

  "롤라는 어떻게 토마토를 먹게 되었나요?"

  "바뀐 음식 이름 중에 어떤 이름이 가장 기억나나요?"

  "여러분이 주인공이라면 어떤 음식의 이름을 바꿔 보고 싶나요?"

> **오감이 열리는 읽어 주기 Tip**
>
> - 사전에 아이들이 좋아하는 음식이나 싫어하는 음식 등에 대해 이야기 나눠 본다. 그림책을 읽을 때는 책의 주인공이 어떤 음식을 싫어하는지 자신과 비교해 보고 그다음 장 내용에 대해 유추해 보도록 상호 작용을 하며 들려준다.
> - 교사가 앞 구절을 읽고 뒷부분의 반복적인 구절은 아이들이 답하는 방식으로 재미있게 읽어 본다. 예를 들어 '안 먹어'라는 글이 반복적으로 나오므로 교사가 '난 토마토 절대'까지 말하면 아이가 '안 먹어'라고 이어 말한다. 이렇게 읽으면 아이들이 더 즐겁게 그림책을 감상할 수 있다.

토마토 소스를 발라, 한입 쏙 바게트 피자

토마토에 대한 좋은 생각을 가질 수 있도록 토마토 소스를 활용한 피자를 만들어 보아요. 좋아하는 식재료와 싫어하는 식재료 모두 스스로 준비해 피자를 만들어 보며, 아이들은 음식의 소중함을 느끼고 맛보기를 시도하게 됩니다.

요리 재료와 도구
- 자른 바게트 1개, 토마토 소스 1통, 모차렐라 치즈 100g, 토마토 1개, 좋아하는 식재료 1개, 싫어하는 식재료 1개, 전자레인지, 플라스틱 칼, 종이 접시, 숟가락

요리 Tip
- 아이들이 스스로 자를 수 있는 재료들을 준비하면 요리 활동에 더욱 적극적으로 참여한다.

1 한입 쏙 피자에 필요한 재료를 준비한다.

2 바게트 빵에 소스를 바른다.

3 그 위에 토마토, 햄, 야채 등을 올린다.

4 모차렐라 치즈를 뿌리고, 전자레인지에 1분동안 돌린다.

새로운 이름으로 부르며 놀아요

그림책에서 롤라는 절대로 채소를 먹지 않겠다고 말합니다. 하지만 오빠가 들려주는 채소의 새로운 이름을 들으며 채소를 한 가지씩 먹어 보는 경험을 합니다. 직접 채소를 먹어 보면서 예상했던 것과 다른 새로운 맛을 느끼게 되지요. 그림책처럼 음식들의 이름을 재미있게 바꾸고, 봉지 인형 놀이도 해볼까요?

놀이 도구   종이, 포스트잇, 매직, 전지 크기의 크라프트지, 필기도구, 자른 채소(토마토, 오이, 당근 등)

놀이 즐기기

- 그림책에 나온 토마토의 이름을 아이들과 의논하여 다른 이름으로 바꾸어 본다.
  "롤라는 토마토 이름을 어떻게 바꾸었나요?"
  "토마토는 어떤 이름을 좋아할까요?"
- 그림책에 나오는 음식들도 아이들과 의논하여 다른 이름으로 바꾸어 본다.
- 유아가 들어갈 수 있는 크기의 종이로 봉지 인형을 접는다.
- 봉지 인형에 채소(토마토, 오이, 당근, 버섯) 그림을 아이들과 함께 각각 그린다.
- 채소의 좋은 점을 아이들과 함께 생각하여 적어 본다.
- 봉지 인형을 쓰고 다른 친구들과 인사하고, 그 재료의 좋은 점을 소개하며 자른 채소를 나눠 준다.

오감을 깨우는 놀이 Tip

- 아이들이 다양하고 재미있는 이름들을 말하고 쓸 수 있도록 허용적인 분위기를 만들어 준다. 교사도 재미있는 이름을 제시할 수 있다.
- 글을 쓰기 어려워하는 아이들은 교사가 받아 적어 주거나 그림으로 그리도록 안내한다.

놀이 풍경

채소마다 다른 재미있는 이름들!

토마토는 비타민이 많지?

몸을 건강하게 해 주는 토마토, 고마워.

오이를 먹으면 얼굴이 예뻐진대.

내가 직접 키운 채소로 만들어요

롤라처럼 음식을 싫어하는 아이를 위해 아이와 씨앗을 뿌리고 물을 주며 정성 들여 가꾼 수확물을 직접 요리해서 먹고 다양하게 놀이해 보세요. 신체, 정서, 사회적 성장 발달에 큰 도움이 됩니다.

놀이 도구 씨앗(상추, 당근), 모종(토마토, 오이, 감자), 전기 프라이팬, 플라스틱 칼, 소스, 종이, 스티커

놀이 즐기기

- 4월에 아이들과 함께 상추, 당근 씨앗을 뿌리고, 토마토, 오이, 감자는 모종을 심어서 물을 주고 가꾼다. 7월에 성장한 채소들을 아이들과 함께 수확하여 깨끗이 씻는다.
- 직접 수확한 채소를 오감으로 탐색 관찰해 본다.
  "토마토를 먹어 보니 어떤 맛이 나나요?"
  "오이는 씹을 때 어떤 소리가 날까요?"
- 자신이 키운 채소들을 가지고 어떻게 놀이하면 좋을지 이야기 나눈다.

<채소 카나페 만들기>
- 감자는 0.5cm 정도의 두께로 썰어 전기 프라이팬에 굽는다.
- 토마토, 오이, 당근은 플라스틱 칼로 썬다.
- 자신이 올리고 싶은 재료를 감자 위에 얹고, 소스를 발라 먹는다.

<채소 푸드 아트 놀이>
- 상추, 당근 등 직접 수확한 작물을 활용하여 다양하게 만들고 꾸며 본다.

오감을 깨우는 놀이 Tip
- 작은 씨앗이 먹을 수 있을 만큼 잘 성장하도록 꾸준히 물을 주고 관찰하며 살핀다.

놀이 풍경

우리가 수확한 맛있는 당근!

우리가 키운 채소로 만든 카나페 요리~ 어때요?

상추와 당근!
재미있게 변신해라, 얍!

상추가 말해요!
결혼해 주세요!

📖 놀이를 마무리하며

급식 지도를 할 때 학급의 절반 이상이 편식을 하고 있었고, 편식 지도를 부탁하는 학부모도 많았다. 이를 위해 선택한 그림책이 『난 토마토 절대 안 먹어』이다. 아이들은 그림책을 읽고 나서 여러 식재료들의 이름을 한 개씩 포스트잇에 바꿔 적어 보자고 하였다. 토마토는 '톰토미', 콩은 '콩콩이', 밥은 '하양나라', 양배추는 '탱글이', 버섯은 '우산버섯', 당근은 '새코미 당당이'…. 아이들은 기발하고 재미있는 이름으로 바꾸면서 깔깔깔 웃었다.

봉지 인형 놀이를 할 때는 커다란 봉지에 토마토를 크게 그리더니 "이건 눈이 좋아져" 하며 좋은 점을 포스트잇에 적었다. 토마토 봉지 인형을 쓰고 토마토를 나눠 주며 "나는 눈이 좋아지고 몸이 튼튼해져. 한번 먹어 봐" 소개하기도 하였다. 토마토를 받은 친구는 한입 먹어 보고 토마토에게 "정말 맛있어. 네 덕분에 내가 건강해졌어. 고마워" 하고 대답하였다. 토마토 봉지 인형에 재미를 느낀 아이들은 당근, 오이, 버섯, 양배추도 봉지 인형으로 꾸며 놀이를 하였다.

아이들이 식재료에 좀 더 관심을 가지도록 텃밭을 이용하여 여러 가지 채소를 키워 보았다. 자신이 직접 씨도 뿌리고 물을 주며 가꿔서인지 "선생님 토마토가 언제 색깔이 진해질까요?", "물 먹고 많이 자라라" 하며 애정과 관심을 듬뿍 보였다. 당근, 감자 등 채소를 수확할 때는 "당근을 뽑으니까 신기해", "내가 뽑은 감자는 동글동글 너무 귀여워", "상추가 진짜 맛있겠다" 하고 말하였다. 상추, 당근으로 무슨 놀이를 하고 싶은지 물으니 만들기를 하고 싶다고 하였다. 상추 잎이 머리와 치마로 변신하고, 당근이 코와 장신구로 멋지게 탈바꿈하였다.

토마토 소스를 바게트에 올려 만든 피자는 채소를 싫어한다던 아이들도 잘 먹었다. "최고로 맛있어요" 말하며 손으로 '엄지 척!'을 하였다.

함께 읽으면 좋은 그림책

『브로콜리지만 사랑받고 싶어』 별다름, 달다름 글, 서영 그림, 키다리

『야채가 좋아』 조미자 글·그림, 미래아이

동글동글 콩의 변신

옆집 할아버지한테 콩 10알씩을 받은 삼 형제. 물에 불려서 심으려던 콩은 콩나물로 변하고, 밭에 잘 심은 콩은 봄과 여름 내내 잎과 줄기가 자라 꽃을 피우더니 꼬투리가 영글어 익어 갑니다. 삼 형제와 함께 콩의 한살이 여행을 떠나는 이 책은 한 장 한 장 넘길 때마다 콩의 숫자를 세어 보며 수 개념을 익히게 합니다. 그리고 무엇보다, 콩나물을 직접 재배해 보고 싶은 마음이 생기게 하지요.

고야 스스무 글
나카지마 무쓰코 그림, 시금치

콩에 관해 이야기하고, 콩이 변하여 무엇이 되는지, 우리 생활에 어떻게 쓰이는지 이야기 나누면서 아이들은 콩이 메주로, 메주가 된장이 되는 과정을 알게 됩니다. 그림책을 읽고 나서 먹고 만지고 두드리고 주무르며 메주를 만들고, 콩나물을 이용하여 요리를 하고 콩나물 푸드 아트 놀이를 하였습니다.

요리하고 놀이하며 아이들은 평소 먹지 않던 생소한 음식 재료에 자연스럽게 관심을 갖고, 싫어하는 음식 재료에 대한 거부감을 줄일 수 있습니다.

📖 그림책 펼치기

- 콩, 풋콩, 콩나물의 실물을 보여 주고 이야기 나눈다.

    "이 재료를 보니 무엇이 떠오르나요?"

    "콩으로 무엇을 할 수 있을까요?"

- 그림책 앞표지를 살펴보고 이야기 나눈다.

    "무엇이 보이나요?"

    "콩, 풋콩, 콩나물의 다른 점은 무엇인가요?"

- 그림책을 펼쳐 그림만 보고 이야기 나눈다.

    "어떤 사람들이 있나요?"

    "무엇을 하고 있나요?"

    "할아버지에게 콩을 받고 어떻게 했나요?"

    "왜 콩나물이 되었나요?"

    "덜 익은 콩꼬투리는 무엇인가요? 먹어 본 적이 있나요?"

    "콩으로 무슨 요리를 할 수 있나요?"

    "콩이 자라서 어떻게 되었나요?"

- 그림책을 감상하고 이야기 나눈다.

    "누구나 이름이 있듯이 콩들도 이름이 있어요. 여러분이 알고 있는 콩은 무엇인가요?"

오감이 열리는 읽어 주기 Tip

- 『콩, 풋콩, 콩나물』은 표지에 콩의 한살이가 다 들어 있다.
- 콩 표본을 만들어 제시하고, 콩 이름 대기 낱말 잇기를 한다.
- 페이지를 넘기며 콩 숫자 세기 놀이를 하면 더욱 재미있다.

콩의 맛있는 변신, 두부 콩나물 전

동글동글 콩으로 만든 두부와 아삭한 콩나물을 이용하여 몸에 좋고 맛도 좋은 전을 만들어 보았습니다. 아이들이 좋아하는 영양 만점 간식이 되었네요.

요리 재료와 도구
- 두부 1/4모, 데친 콩나물 2줌, 쪽파 5개, 피망 반 개, 홍파프리카 반 개, 찰밀가루 5T, 계란 1개, 소금 1/2t, 물 500ml, 플라스틱 칼, 접시, 그릇, 국자

요리 Tip
- 물은 조금씩 넣어 가며 양을 조절한다.
- 처음에는 센 불에서 익히고, 뒤집기를 할 때 중불로 바꾼다.

1 두부는 수분을 빼고, 콩나물은 2cm 크기로 자른다. 쪽파, 피망, 홍파프리카는 다진다.

2 반죽이 질어지지 않도록 물을 조금씩 넣어 가며 반죽한다.

3 반죽을 한 국자 붓고 펼친 다음, 윗면이 마르면 뒤집는다.

4 접시에 담아 먹는다.

삶은 콩으로 메주 만들기

"콩으로 된장을 만들어요" 하는 아이들의 말에 메주를 만들어 보기로 하였습니다. 수업 전날, 메주를 묶는 볏짚을 흐르는 물에 씻고 털어서 신문지 위에 펼쳐 건조시킵니다. 메주를 만들며 아이들은 전통 음식의 발효 과정에도 관심을 가지게 됩니다.

놀이 도구 메주콩, 밀대(소), 지퍼 백(A4 크기), 도마, 지푸라기 2줄(또는 마 끈), 나뭇가지(30cm) 1개, 메주 만들기 영상 자료

놀이 즐기기

- 접시에 생콩과 삶은 콩을 나누어 주고 탐색해 본다.
  "모양(색, 냄새, 맛)이 어떤가요?"
- '메주 만들기' 영상을 시청하며, 메주 만드는 과정에 대해 이야기 나눈다.
  "메주는 왜 만들까요? 메주의 좋은 점은 무엇일까요? 메주는 어떻게 만들까요?"
- 콩은 1인당 종이컵 1컵 분량으로, 5~6시간 동안 물에 불린 뒤 찜통(압력솥)에 삶는다. 콩을 물에 불려 삶으면 양이 2~3배 많아진다.
- 삶은 콩은 물기를 쫙 뺀 다음, 한 공기씩 식지 않도록 지퍼 백에 넣는다.
- 손가락으로 눌러 보고, 손바닥으로 쳐 보고, 주먹으로 두들겨 보면서 탐색한다.
- 밀대로 밀어 완전히 으깬 뒤, 콩을 접시에 놓아 원하는 모양대로 뭉친다.
- 메주를 지푸라기로 엮어서(머리땋기) 나뭇가지에 대롱대롱 달아 준다.

오감을 깨우는 놀이 Tip

- 물기가 많으면 질퍽하여 잘 뭉쳐지지 않는다.
- 햇볕이 없고 통풍이 잘 되는 장소에 보관하고, 완전히 건조시킨다.
- 삶은 콩이 식으면 잘 뭉쳐지지 않기 때문에 콩이 따뜻할 때 으깨어 메주 모양을 만들어 준다.

놀이 풍경

으악~ 냄새가 이상해.
삶은 콩 냄새야!

콩콩콩콩!
재미있네.

난 자동차 만들어야지!

메주 대롱대롱 매달기 완성!

콩나물로 꾸미는 푸드 아트

콩나물은 가장 흔하게 먹을 수 있는 반찬 중 하나입니다. 적은 콩으로 많은 양을 재배할 수 있고 저렴한 비용으로 다양한 요리를 할 수 있기 때문입니다. 가정에서 자주 접하는 식재료이기에 미술 활동에 자신 없는 아이들도 보고, 만지고, 냄새 맡고, 자르고, 맛보면서 재미있고 신나게 창의적인 미술 표현 놀이를 할 수 있습니다.

놀이 도구 콩나물(500g), 당근(1개), 부추(50g), A4 색지, 접시, 플라스틱 칼

놀이 즐기기

- 접시 위에 콩나물, 부추, 얇게 썬 당근을 놓고 재료를 탐색한다.
  "콩나물을 본 적이 있나요?"
  "모양(색, 냄새, 맛)이 어떤가요?"
- 콩나물 머리 떼어 내기 대회를 한다.
  "몇 개나 떼어 냈는지 볼까요?"
- 부추, 당근을 칼로 다양하게 잘라 본다.
  "어떤 모양이 나왔나요?"
  "이 모양으로 무엇을 만들어 보고 싶나요?"
- 콩나물, 부추, 당근을 이용해 색지 위에 자신이 원하는 대로 자유롭게 표현해 본다.
  "무엇을 표현했나요?"
  "작품의 제목을 지어 볼까요?"

오감을 깨우는 놀이 Tip
- 꾸미기 싫다고 하는 아이들이 있으면 재료를 색깔별로 분류해 보는 놀이를 한다.

놀이 풍경

당근, 부추, 콩나물.

나는 콩나물 호빵맨!

콩나물 머리로 만든 꽃밭!

나비 핀으로 꽃다발 완성!

📖 놀이를 마무리하며

『콩 풋콩 콩나물』은 이름을 연달아 읽기만 해도 재미있는 운율이 생겨서 리듬감이 느껴진다. 콩의 한살이 이야기를 감상한 아이들은 "콩이 콩나물이 되었어" 말하며 신기해하였다. 이렇게 호기심을 갖는 아이들과 함께 두부 콩나물 전 요리를 하였다. 두부 콩나물 전을 만들기 위해 두부 으깨기, 콩나물 다듬기, 야채 썰기 등을 하는 아이들은 요리사처럼 진지했다.

콩의 또 다른 변신, 메주 만들기를 할 때 아이들이 처음으로 하는 말은 "윽, 냄새!"였다. 제일 먼저 냄새를 맡고, 맛을 보고, 만지고, 두드리고, 주무르고 오감을 이용하여 메주를 만들었는데, 메주 만들기에 열중한 아이들의 모습이 메주 장인을 연상시켰다. 콩은 엄지와 중지로 비벼서 완전히 으스러질 때까지 삶고, 식으면 잘 으깨지지 않으므로 따뜻할 때 으깨야 한다. 메주를 묶을 때 사용하는 지푸라기는 2~3시간 전에 물에 적셔 축축하게 한 다음 사용하는 것이 좋다.

콩나물의 머리를 떼어 내고 뿌리를 분리한 다음, 다양한 콩나물 푸드 아트 놀이를 하였다. 콩나물을 먹어 본 아이는 많지만 식재료를 직접 손으로 만져 본 아이들은 많지 않았는데, 곧 재미있어하며 즐겁게 참여하였다. 몇몇 아이는 재료를 손에 대지 않고 옆 친구가 하는 것을 보기만 했는데, 재미있어 보였는지 이내 활동을 시작하였다. 아이들이 뭔가 활동을 하지 않으면 답답하여 옆에서 도와주려고 하는데, 다른 아이들의 활동을 보는 것도 탐색이자 간접 활동이므로 기다려 준다. 또 어떻게 표현하든지 아이의 생각을 존중하고 활동에 크게 개입하지 않는 것이 좋다. 아이들의 활동과 성장에는 많은 기다림과 인내가 필요하다.

놀이 활동에서 더 나아가, 콩나물을 다듬고 무치기까지 아이가 직접 요리해서 밥상에 올리게 해보면 어떨까? 아마 제일 좋아하는 반찬이 콩나물이 될지도 모른다.

함께 읽으면 좋은 그림책

『콩』 히라야마 카주코 글·그림, 한림출판사

『다 콩이야』 보리 글, 정지윤 그림, 보리

3-3

채소들의 건강 달리기 대회

『채소가 최고야』는 식탁에서 자주 볼 수 있는 채소들이 등장해 달리기 대회를 시작하는 것으로 그림책의 문을 엽니다. 이 책의 묘미는 채소가 달리는 모습을 통해 채소의 특징을 재미있고 유쾌하게 담아 낸 점입니다. "채소 좀 먹어 봐", "그래야 건강해지지", "이걸 먹어야 키가 커져" 같은 말 대신, 아이가 스스로 채소에 관심을 갖도록 채소와 친숙해지는 경험을 제공합니다.

이시즈 치히로 글
야마무리 코지 그림, 천개의바람

그림책을 통해 처음에는 낯설기만 했던 채소가 아이들에게 친구처럼 느껴질 수 있습니다. 그림책에서 만난 채소들을 실제로 접했을 때 아이의 거부감도 반으로 줄었을 거라고 믿고 싶습니다. 밥과 함께 채소 반찬도 맛있게 먹는 아이들의 모습을 기대해 봅니다.

📖 그림책 펼치기

- 그림책 표지를 살펴보며 채소의 종류에 대해 이야기한다.

  "여러분이 알고 있는 채소는 무엇인가요?"

  "여러분이 좋아하는(싫어하는) 채소는 무엇인가요?"

- 면지에 있는 채소 나라 초대장을 살펴보며 이야기 나눈다.

  "채소들이 왜 머리에 띠를 둘렀을까요? 오늘은 채소들의 달리기 대회가 있는 날이래요. 채소들이 달리기 대회에 여러분들을 초대했어요."

  "누가 제일 잘 달릴 것 같나요? 고추는 어떻게 달릴까요?"

- 그림책을 들려준 다음 함께 이야기 나눈다.

  "그림책 속 채소들을 보니 어떤 느낌이 드나요?"

  "어떤 채소들이 나왔나요? 마늘의 모습이 어땠나요?"

  "내가 만약 채소들을 만난다면 어떤 말을 해 주고 싶나요?"

  – 알통이 올통볼통 마늘이 가장 힘이 셀 것 같아. 나도 고추처럼 1등 하고 싶어! 단호박은 데굴데굴 굴러가서 강에 풍덩 빠지는 모습이 웃겨! 금메달 받으면 좋을 것 같아!

- 그림책을 살펴보며 어떤 놀이를 하고 싶은지 이야기해 본다.

  "우리 다 같이 달리기 시합을 해요!"

오감이 열리는 읽어 주기 Tip

- 채소들이 등장할 때 '오늘의 주인공은 나야 나!' 노래를 응용하여 '오늘의 1등은 나야 나!' 말하며 채소들의 좋은 점을 짧게 들려주면 아이들이 더 집중해서 듣고 급식 시간에도 먹어 보려고 노력하는 모습을 볼 수 있다.
- 올림픽 달리기 영상을 시청한 다음 그림책을 감상하면 그림책 속에 나오는 달리기에 대한 아이들의 이해를 도울 수 있다.
- 올통볼통, 실룩샐룩, 후다닥, 설렁설렁 같은 모양과 움직임 말을 강조하며, 동작과 함께 읽어 준다.

내가 제일 맛있어, 아삭아삭 나박김치

달리기를 마친 채소들이 샤워를 하고 시원한 나박김치가 된다면 어떤 맛일까요? 나박김치를 만들어 보면서 여러 가지 채소의 이름과 생김새를 알고, 채소들을 친숙하게 느끼게 됩니다.

요리 재료와 도구
- 알배기 배추 작은 것 1개, 무 1/4조각, 당근·비트 조금(색감 내기용), 파 한 뿌리, 고춧가루 2T, 멸치 액젓 1T, 굵은 소금 1T, 큰 볼, 숟가락, 물 1L

요리 Tip
- 손으로 자를 수 있는 재료는 아이가 스스로 할 수 있도록 한다.
- 매운 것을 못 먹는다면 고춧가루는 생략한다.

1 알배기 배추를 손으로 뜯는다.

2 당근, 무, 비트는 플라스틱 칼로, 파는 가위로 자른다.

3 고춧가루, 소금, 액젓을 넣고 섞는다.

4 모두 버무린 다음 물을 넣고 하루 정도 숙성해서 먹는다.

채소들의 달리기 올림픽

채소들이 달리는 모습을 몸으로 표현해 볼까요? 그림책 속에 등장하는 채소의 모습을 신체로 표현해 보면서 채소의 특징에 관심을 가지게 됩니다. 대근육을 발달시키고 유연성, 독창성도 키울 수 있답니다.

놀이 도구   여러 가지 채소 그림, 머리띠, 바통, 미션 푯말, 시상대(박스나 의자 활용)

놀이 즐기기

- 그림책 속에 등장하는 채소들이 달리는 모습을 살펴본다.

  "어떤 채소가 있나요? 호박은 어떤 모습으로 달렸나요?"

- 내가 표현하고 싶은 채소를 몸으로 표현해 본다.
- 친구가 채소를 표현하면 다른 친구들이 어떤 채소인지 맞혀 본다.
- 미션 푯말에 있는 지시에 따라 달리기 동작을 표현한다(빠르게, 느리게, 정지).
- 달리기 올림픽을 준비한다.

  "어떤 상을 만들까요?" (예 : 열심히 상, 응원 상, 번개 상)

  "시상대는 무엇으로 만들면 좋을까요?"

- 달리기 올림픽을 할 때 지켜야 할 약속을 정한다.

  "달리기 올림픽을 할 때 어떤 약속을 지켜야 할까요?"

- 채소 머리띠를 선택하여 머리에 쓰고 다 함께 채소 달리기 올림픽을 해본다.
- 아이들에게 어울리는 상을 시상대에서 시상한다.

> **오감을 깨우는 놀이 Tip**
>
> - 아이들이 등수에 집착하지 않도록 여러 가지 상을 만들어 모든 아이에게 시상한다.
> - 메달이 없으면 금·은색 시트지, 두꺼운 도화지, 리본 끈을 활용하여 만들 수 있다.

놀이 풍경

난 어떤 채소일까?

미션대로 신나게 움직여 볼까?

채소들의 달리기 올림픽!

시상식을 해요!

콩 글자 놀이와 채소 푸드 아트

콩을 활용하여 모양과 글자를 만들어 보면서 모양과 글자에 관심을 갖고 콩과 친숙해집니다. 또 채소를 활용하여 즉흥적으로 구성해 보면서 채소에 친밀감을 느끼고, 자신의 내면 세계를 표현하여 정서 함양에도 도움이 됩니다.

놀이 도구 콩, 이름 글자 카드, 종이 접시, 여러 가지 채소

놀이 즐기기

<콩 글자 놀이>

- 종이 접시에 담긴 콩을 탐색하며 여러 가지 모양을 만들어 본다.
- 내 이름 글자를 살펴보고 콩을 글자 위에 놓아 본다.
- 콩으로 내가 아는 글자를 종이 접시 위에 만들어 본다.
- 친구의 글자와 비교하며 읽어 본다.

> **오감을 깨우는 놀이 Tip**
> - 콩으로 모양이나 얼굴을 구성해 볼 수 있다.
> - 젓가락을 사용하여 콩을 집어 놓아 보면서 소근육이 발달한다.

<채소 푸드 아트>

- 여러 가지 채소를 탐색한다.
  "어떤 채소가 있나요?"
  "이 채소로 무엇을 구성해 보고 싶나요?"
- 채소를 활용하여 자유롭게 구성해 본다.
- 내가 만든 작품에 제목을 지어 본다.
- 나만의 푸드 아트에 이야기를 꾸미고 친구들에게 소개해 본다.

놀이 풍경

콩으로 어떤 모양을 만들까?

내 이름에 콩을 놓아 봐요!

여러 가지 채소로 작품을 만들어 볼까?

채소 푸드 아트 놀이 재밌죠?

3부 / 골고루 냠냠, 건강 쑥쑥!

📖 놀이를 마무리하며

해가 갈수록 채소를 먹기 어려워하는 아이들이 많아지는 것을 느낀다. 채소를 강하게 거부하는 아이들을 보면 무척 안타까운데, 채소 섭취는 성장기 아이들에게 꼭 필요하므로 아이들과 함께 나박김치를 만들어 먹어 보았다. 직접 만드는 활동을 해서인지 그 이후로 아이들이 김치에 관심을 보이며 맵지 않은 김치를 먹어 보려고 노력하는 모습을 보였다.

그림책에서 채소들이 재미있게 달리기하는 모습을 본 아이들은 채소에 관심을 보이며 채소를 좀 더 친숙하게 여겼다. "나도 고추처럼 달리기 1등 하는데", "단호박이 데굴데굴 굴러서 강에 풍덩 빠지는 게 재밌어" 말하며 우리도 달리기 대회를 열자고 제안하였다. 그래서 아이들과 함께 준비한 달리기 올림픽! 승부보다 함께 달리는 즐거움을 느낄 수 있어 더 의미가 있었다. 또 여러 가지 채소로 그네, 시소 등도 만들어 보았는데, 이 과정에서 아이들은 채소의 이름, 색깔, 생김새 등에 관심을 보였다.

채소로 요리와 놀이를 하고 난 뒤부터 몇몇 아이들이 급식 시간에 채소를 보면 이름을 맞추면서 스스로 먹어 보려고 하였다. 아이들과 함께 한 활동들이 아이들의 식생활에 영향을 끼치고 있다는 것을 알 수 있었다. 아이들이 채소에 더 가까이 다가갈 수 있도록 자주 기회를 만들어 주어야겠다.

함께 읽으면 좋은 그림책

『과일이 최고야』 이시즈 치히로 글, 야마무라 코지 그림, 천개의바람
『채소들아, 어디 가니?』 미소선생 글, 천이진 그림, 에듀앤테크

보글보글
된장찌개를 끓이자

된장찌개에는 어떤 재료들이 들어갈까요? 『된장찌개』 그림책은 추위에 떨던 멸치가 뜨거운 온천에 먼저 들어가면서 이야기가 시작됩니다. 된장찌개에 들어가는 된장, 감자, 호박, 버섯, 대파, 두부가 뜨거운 온천을 찾아 떠나면서 된장찌개가 완성되기까지 과정을 재미있게 담았습니다. 책을 읽으며 된장찌개에 들어가는 여러 가지 재료를 탐색하고, 된장찌개를 끓이는 순서와 방법을 알 수 있습니다.

천미진 글, 강은옥 그림
키즈엠

이 그림책은 평소 잘 먹지 않던 음식 재료에 자연스럽게 관심을 갖게 하여 음식 재료에 대한 거부감을 줄여 줍니다. 인스턴트 음식에 익숙한 요즘 아이들에게 몸에 좋은 된장찌개를 친근하게 소개하여 건강한 식습관을 형성하도록 돕습니다.

📖 그림책 펼치기

- '된장찌개'가 끓는 소리를 듣고, 어떤 소리일지 상상해 본다.

  "잘 들어 보세요! 어떤 소리가 들리나요?"

  - 국 끓는 소리예요, 뜨거운 소리 같아요, 맛있는 소리요.

- '된장찌개'를 만들 때 어떤 재료가 필요한지 말해 본다.

  "된장찌개에는 어떤 재료가 들어갈까요?"

  <아이들이 주고받은 이야기>

  - 된장찌개에 호박 들어가.

  - 나 호박 싫어하는데….

  - 두부는 말랑말랑해.

  - 버섯 들어간 된장국도 좋아.

- 그림책 앞표지를 보며 함께 이야기 나눈다.

  "무엇이 보이나요?"

  "재료들의 표정을 살펴볼까요?"

  "재료들에게 무슨 말을 해 주고 싶나요?"

- 그림책을 감상한 다음, 자신의 생각을 자유롭게 이야기한다.

  "된장찌개 재료 중에서 어떤 재료가 가장 좋은가요?"

  "여러분은 된장찌개에 어떤 재료가 들어가면 좋을 것 같나요?"

- 편식을 하는 친구들에게 하고 싶은 말을 전한다.

  - 양파에 몸에 좋은 게 많이 들었대, 호박은 먹으면 아무 맛도 안 나, 먹어 봐!

오감이 열리는 읽어 주기 Tip

- 그림책에 나오는 음식 재료들을 먼저 살펴보는 시간을 주어, 그림책에 대한 호기심을 높인다.
- 된장찌개를 끓일 때 나는 '보글보글' 소리나 재료 준비할 때 나는 도마 소리를 들려주면서 그림책을 읽으면, 『된장찌개』를 더 실감 나게 만날 수 있다.

된장찌개만큼 맛있는, 된장 스프

'보글보글 지글지글' 된장찌개 끓는 소리만큼 정겨운 소리도 없죠! 오늘은 된장찌개 끓는 정겨운 소리는 마음에 잠시 담아 두고, 구수한 맛을 더 느낄 수 있는 된장 스프에 도전해 볼까요?

요리 재료와 도구
- 된장 1T, 두부 1/4모, 따뜻한 물 200ml, 비닐 장갑 2장, 티스푼

요리 Tip
- 두부나 콩을 으깨 준다.
- 된장을 으깬 다음 채에 걸러서 된장의 잔여물이 들어가지 않도록 한다.

1 된장 스프에 필요한 재료를 알아본다.

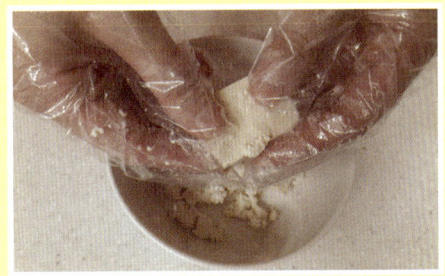

2 두부를 으깬 다음, 어떻게 변했는지 살펴본다.

3 된장 냄새를 맡아 보고 손으로 으깬 다음, 채에 거른다.

4 따뜻한 물을 넣고 숟가락으로 뭉치지 않게 잘 섞는다.

3부 / 골고루 냠냠, 건강 쑥쑥!

된장찌개 캐치볼

아이들이 평소에 좋아하는 '캐치볼'. 접시와 된장찌개 재료를 붙인 양말로 '된장찌개 캐치볼'을 준비해 놀이합니다. 놀이를 하며 아이들은 된장찌개 재료를 더 친숙하게 느낍니다. 또 편식하지 않고 음식을 골고루 먹는 계기가 됩니다.

놀이 도구   캐치볼 냄비(종이 접시, 벨크로, 꾸미기 재료), 캐치볼(헌 양말, 재료 그림 카드)

놀이 즐기기

- 된장찌개 캐치볼 놀이 방법에 대해 이야기 나눈다.
   "어떤 재료들이 있나요?"
- 된장찌개 캐치볼 놀이에서 지켜야 할 약속을 알아본다.
   - 친구한테 던지지 않기, 나만의 공간에서 캐치볼 놀이하기.
- 각자 손에 캐치볼 냄비를 낀 다음, 혼자서 캐치볼(양말)을 던져 받기 놀이를 한다.
- 두 명씩 짝을 이루어, 된장찌개 재료 볼을 받을 사람과 던질 사람을 정한다.
- 각자 정해진 위치로 가서 짝꿍과 마주 보고 선다.
- 된장찌개 재료 볼을 던지는 사람은 자신이 원하는 재료 볼을 선택한다.
- 받는 사람은 두 손으로 받는 냄비와 한 손으로 받는 냄비 중 원하는 것을 선택한다.
- 된장찌개 재료 볼을 3개 받으면 역할을 바꾼다.

오감을 깨우는 놀이 Tip

- 캐치볼 냄비는 종이 접시에 벨크로를 붙여 만든다.
- 된장찌개 재료 볼이 잘 붙을 수 있도록 재료 그림은 양말보다 작게 만든다.
- 양말로 볼을 만들 때 양말을 뒤집어서 둥그렇게 만들면 잘 던질 수 있다.
- 양말은 각 가정에서 사용하지 않는 헌 양말을 보내 달라고 미리 안내한다.

놀이 풍경

한 손으로 받는 캐치볼 냄비!

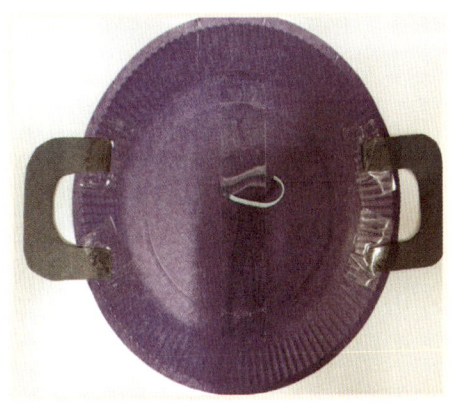

손잡이를 두 개 달아 양손 캐치볼 냄비를 만들자!

혼자서 캐치볼을 던져요!

친구와 서로 주고받아요!

된장찌개 기차 여행

찬바람이 부는 겨울날 된장찌개 재료들이 하나씩 길을 떠나고 있습니다. 추운 날에 단비처럼 만난 곳은 바로 된장 온천! 된장찌개 재료가 되어 기차 여행을 떠나 볼까요? 친구와 함께 된장찌개 기차 여행을 하면 더 포근하고 안락한 감정을 느낄 수 있습니다.

놀이 도구 운전대(아이가 블록으로 직접 만든다), 재료 그림 카드 목걸이(또는 재료 그림카드 머리띠), 사다리, 마스킹 테이프, 역 표시 자료(재료 그림)

놀이 즐기기

- 마스킹 테이프로 기찻길을 만든 다음 역 푯말을 놓는다.
- 아이들과 의논하여 운전자와 승객을 정한다.
- 된장찌개 재료 중 원하는 재료 목걸이를 선택한다.
  "여러분은 이 중 어떤 재료가 되고 싶나요?"
- 자신이 선택한 된장찌개 재료의 역 푯말이 있는 곳으로 이동하여, 사다리 기차에 차례대로 선다.
- 사다리 기차를 타고 재료 이름이 적힌 역에 도착할 때까지 노래를 부르면서 이동한다.
  "기차를 타는 동안 어떤 노래를 불러 볼까요?"
- 기차역에 도착하면 기차에서 내려 차례대로 줄을 선 뒤, 다음 역으로 이동한다.

오감을 깨우는 놀이 Tip

- 된장찌개 기차 놀이가 익숙해지면 아이들과 의논하여 된장찌개 재료를 바꾸어서 놀이한다.
- 사다리가 없을 경우 백업이나 상자, 훌라후프, 리본 테이프, 밧줄 등 주변에서 볼 수 있는 도구를 활용하여 기차 놀이를 할 수 있다.

놀이 풍경

된장찌개 기차 여행, 이렇게 준비해요!

우리가 만든 운전대예요!

된장찌개 기차 여행 출발!

감자 역에 도착했어요!

📖 놀이를 마무리하며

아이들에게 『된장찌개』 그림책을 제시한 이유는 아이들의 편식 습관을 개선하려는 이유가 가장 컸다. 평소 채소를 먹기 싫어하는 아이들과 된장 냄새를 낯설어하는 아이들이 있었기 때문이다.

『된장찌개』를 들려주었을 때 아이들은 된장찌개 속 재료들에 많은 관심을 보였다. 평소 싫어하던 채소들이지만 추위에 떨고 있는 모습을 보면서 안쓰러움을 느끼거나, 구해 주고 싶다고 말하였다. 연민과 안타까운 마음이 식습관 개선에 바로 도움을 주지는 못하지만 아이들은 놀이를 하며 '된장찌개' 라는 말을 자주 들었고, 된장찌개 끓이는 소리를 구별하게 되었다.

책을 읽고 나서 된장찌개 캐치볼과 된장찌개 기차 놀이를 진행했는데, 아이들은 된장찌개 속 재료들을 자발적으로 탐색하며 친근감을 보였다. 그 이후로 먹기 싫어했던 채소를 좋아하게 된 건 아니지만, 점심 식사 메뉴에 자신이 알고 있는 된장찌개 속 재료나 된장국, 된장찌개가 나오면 놀이했던 경험을 말하며 스스로 먹어 보려는 태도를 조금씩 보였다.

> **함께 읽으면 좋은 그림책**
>
> 『에퉤퉤! 똥 된장 이야기』 장세현 글·그림, 휴먼어린이
>
> 『가을이네 장 담그기』 이규희 글, 신민재 그림, 책읽는곰

골고루 먹으니 맛있고, 함께 먹으니 즐겁고

얼굴만 보면 서로 으르렁 싸워서 하루도 조용할 날이 없는 '으르렁 마을' 친구들이 있습니다. 그런데 어느 날 부엌에 꽁꽁 숨겨 둔 음식이 감쪽같이 사라졌습니다. 동물 친구들은 여우의 소행임을 알고 여우를 잡으러 숲속으로 달려갔지요. 혼자 힘으로는 여우를 찾을 수 없어 동물 친구들은 어쩔 수 없이 함께 힘을 모으게 되는데, 이 과정에서 함께하는 기쁨을 느끼게 됩니다.

김주현 글, 이갑규 그림
마루벌

또한 『여우비빔밥』은 함께 나눠 먹는 즐거움을 일깨워 주는 화합의 그림책입니다. 동물 친구들은 여우가 대접한 비빔밥을 비벼 함께 맛보면서 나눔의 즐거움을 알게 됩니다. 책을 읽는 아이들도 따뜻한 마음을 느끼며 친구들과 협력하고 싶은 마음이 듭니다. 오늘 저녁은 가족끼리 오순도순 둘러앉아 따뜻한 마음이 담긴 비빔밥을 비벼 보는 건 어떨까요?

📖 그림책 펼치기

- 그림책 앞표지 그림을 가리고 제목만 읽어 주며 함께 이야기 나눈다.

    "여우비빔밥은 어떤 비빔밥일까요?"

    "그림책에 누가 나올 것 같나요?"

    "여러분도 비빔밥을 먹어 본 적이 있나요?"

    "비빔밥 안에는 무엇이 들어갔나요?"

    "비빔밥은 어떤 맛일 것 같나요?"

- 그림책을 감상한 다음, 그림책 앞표지의 그림을 공개한다.
- 친구들과 함께 그림책을 보면서 자유롭게 이야기 나눈다.

    <아이들이 주고받은 이야기>

    - 여우가 만든 비빔밥이 정말 맛있겠다!

    - 고사리 나물은 어떻게 생긴 거야?

    - 난 당근은 좋은데 도라지는 싫어.

    - 비빔밥을 같이 먹으면서 친구가 되었네?

    - 나도 비빔밥 만들어 보고 싶다.

    > **오감이 열리는 읽어 주기 Tip**
    >
    > - 비빔밥 재료를 볶는 장면, 비빔밥을 섞는 장면에서 커다란 주걱으로 볶는 모습, 비비는 모습을 연출해 주면 아이들이 그림책에 더 몰입한다.
    > - 동물들의 성격과 상황을 반영하여 입체적으로 실감 나게 들려준다.

모두 함께 넣어, 비빔밥 크로플

내가 으르렁 마을의 동물 친구라면 비빔밥에 어떤 재료를 골라 넣을까요? 여러 가지 재료를 넣고 비빔밥을 와플기에 구우면, 겉은 바삭하고 속은 촉촉한 비빔밥 크로플을 맛볼 수 있습니다.

요리 재료와 도구

- 밥 210g, 햄 50g, 달걀 1개, 도시락 김 4장, 초고추장 2T, 참기름 1t, 버터 10g, 그릇, 플라스틱 칼, 숟가락, 접시

요리 Tip

- 와플 기계가 없다면 프라이팬에 밥 전처럼 뒤집개로 눌러 가며 굽는다.
- 밥이 눌어 붙지 않도록 와플 기계에 버터나 기름을 바른다.

1 햄은 플라스틱 칼로 자르고, 김은 손으로 뜯어 밥 위에 올린다.

2 초고추장(간장), 참기름을 넣는다.

3 달걀 물을 넣어 잘 섞는다.

4 와플기에 버터(식용유)를 바른 다음 예열되면 내용물을 넣어 굽는다.

점토 비빔밥 뷔페

점토를 밀기, 수제비처럼 뜯기, 칼집 내기, 손바닥으로 누르기를 하며 비빔밥 재료를 만들어 보면서 점토의 특성을 알게 됩니다. 또 비빔밥 속에 들어가는 재료들의 생김새에 관심을 가지며 친숙함을 느끼게 됩니다. 내가 만든 비빔밥을 활용해 뷔페를 열고 놀이하면서 다양한 역할을 배웁니다.

놀이 도구 여러 색깔 점토, 그릇, 플라스틱 칼, 다양한 찍기 틀, 도화지, 색연필, 테이프, 가위

놀이 즐기기

- 비빔밥에 어떤 재료가 들어가는지 그림책을 살펴본다.
- 내가 만들고 싶은 재료를 고르고, 점토의 색깔을 선택한다.
  "시금치는 어떤 색깔 점토로 만들면 좋을까요?"
- 점토를 주물주물 반죽해서 내가 고른 재료를 만든다.
- 찍기 틀과 플라스틱 칼로 자른 점토 모양을 살펴본다.
- 내가 만든 재료를 한 그릇에 담는다.
  "비빔밥 재료를 어떤 그릇에 담아 볼까요?"
- 내가 만든 재료를 친구가 만든 재료와 같이 그릇에 담아 볼 수도 있다.
- 내가 만든 비빔밥에 이름을 지은 다음 도화지에 적어 푯말을 만들어 세운다.
  - 비빔밥에 채소가 많이 들어 있으니까 '건강 비빔밥'으로 이름을 지을 거야.
- 친구와 함께 비빔밥 뷔페 식당을 연다.
  - 우리 비빔밥 뷔페 식당을 열자!
- 직접 만든 점토 비빔밥으로 식당 놀이를 한다.

놀이 풍경

노란색과 흰색 점토로 달걀을 만들 거야!

나는 영양 만점 시금치를 만들어야지!

비빔밥 뷔페를 열었어요!

내가 만든 비빔밥 어때?

비빔밥을 비벼!

비빔밥 재료를 몸으로 표현해 보면서 각 재료의 특징에 관심을 가지고, 창의적인 움직임을 표현할 수 있습니다. 비빔밥 놀이를 통해 규칙을 배우고 소속감을 느끼며 친구와 함께 하는 놀이의 즐거움을 경험할 수 있습니다.

놀이 도구
비빔밥 재료 그림(고추장, 당근, 고사리, 시금치, 밥, 참기름), 두건, 벨크로

놀이 즐기기
- 그림 자료로 비빔밥 재료를 살펴본다.
- 내가 하고 싶은 재료를 선택하여 두건에 붙인다.
- 놀이 방법을 알아본다.
    - 재료가 된 친구들이 동그랗게 앉는다.
    - 술래(고추장)가 원 안에서 "비빔밥을 비벼!"를 선창하면 앉아 있는 친구들도 "비빔밥을 비벼!"를 외친다.
    - 술래가 "당근 나와라!" 하면 당근 친구들이 나와 당근을 몸으로 표현하며 춤춘다.
    - 술래가 "당근 들어가!" 하고 외치면 당근 친구들은 자리를 바꾸어 들어가 앉는다. 이때 술래인 친구도 같이 빈자리에 들어가는데, 자리를 못 찾은 친구가 술래가 된다. 새로 술래가 된 친구는 술래였던 친구와 머리띠 그림을 바꾼다.
- 놀이 시 지켜야 할 약속을 정한다.
- 약속을 지키며 즐겁게 놀이를 한다.

> **오감을 깨우는 놀이 Tip**
> - '떡국(샐러드)을 만들자!'처럼 놀이 이름을 바꿔서 재료가 된 친구들(떡국 – 김, 달걀지단, 떡, 고기, 만두 / 샐러드 – 사과, 귤, 딸기, 배, 감)과 함께 놀이할 수 있다.

놀이 풍경

어떤 재료가 들어가지?

난 맛있는 달걀을 할 거야!

비빔밥을 비벼! 시금치 나와!

비빔밥 재료들이 춤을 춰요!

📖 놀이를 마무리하며

　아이들은 비빔밥을 보거나 먹어 본 경험은 있지만, 비빔밥에 들어가는 재료인 도라지, 고사리나물 같은 재료들의 이름은 잘 몰랐다. 그림책을 읽으며 비빔밥에 들어가는 재료에 대해 알게 된 아이들은 급식 시간에도 재료들에 관심을 보이며 스스로 먹어 보려는 시도를 하였다.

　비빔밥 재료에 채소가 많이 들어가다 보니 먹기 힘들어하는 아이들이 있어서 어떻게 하면 모두가 잘 먹을 수 있을지 고민해 보았다. 몇몇 아이들이 "비빔밥에 햄이 들어가면 좋겠어요", "김 가루가 들어가면 맛있을 것 같아요" 의견을 제시해, 아이들이 좋아하는 재료로 비빔밥을 직접 만들어 보기로 하였다. 불을 사용하지 않고 안전하게 비빔밥을 만들기 위해 비빔밥 크로플을 만들었는데, 아이들이 무척 신기해하면서 맛있게 먹었다.

　또 점토로 비빔밥 재료를 만들어 식당 놀이를 하자는 의견이 나와 점토 비빔밥 뷔페를 열기로 하였다. 아이들은 점토로 비빔밥 재료를 만들면서 "도라지는 하얗고 길쭉해", "고사리는 갈색인데 끝이 돌돌 말렸어. 신기해" 하며 이름, 생김새, 색깔 등에 관심을 가졌다.

　비빔밥에 대한 아이들의 관심을 확장시키기 위해 친구들과 함께 몸으로 표현하는 '비빔밥을 비벼!' 놀이도 해보았다. 친구들과 함께 즐겁게 재료를 몸으로 표현해 보면서 아이들은 화합의 즐거움을 느꼈다. 친숙하지 않은 음식도 친숙하게, 즐겁게 먹는 방법에 대해 생각해 보는 시간이었다.

함께 읽으면 좋은 그림책

『요리요정 라쿠쿠와 오색비빔밥』 서영아 글, 민택기 그림, 웅진주니어

『비벼 비벼! 비빔밥』 김민지 글, 김고은 그림, 미래아이

3-6

구름이 되고 싶었던 콩은 무엇이 되었을까?

콩들이 하늘에 있는 구름을 보고 어떻게 둥둥 떠다니는지 궁금해합니다. 둥둥 떠다니는 구름을 부러워하던 콩들이 드디어 콩깍지에서 탈출합니다. 구름처럼 되기 위해 물속에 들어가고, 맷돌에 들어가 천둥소리를 내며 부서집니다. 그래도 구름처럼 멋져지지 않는 콩들! 이번에는 가마솥 안에 들어가 번갯불을 기다리고, 콩 물 사이로 들어오는 간수를 맞이하며 바다가 되는 꿈을 꿉니다. 간수와 만난 콩 물은 드디어 바라던 몽실몽실한 구름 같은 순두부가 되고 나무틀에서 두부로 변합니다.

임정진 글, 윤정주 그림
국민서관

인스턴트 음식 문화에 익숙한 아이들에게 콩이 두부가 되는 과정을 재미있게 알려 주는 이야기를 통해 아이들은 쉽게 먹는 두부가 사실은 여러 손길을 거쳐 완성된다는 사실을 알게 됩니다. 오늘도 "선생님, 콩밥에 있는 콩 빼 주면 안 돼요?" 말하는 아이들이지만 놀이를 통해 콩, 두부와 친해집니다.

📖 그림책 펼치기

- 비밀 주머니에 콩을 넣고 흔들며, 소리를 들려준다.

    "무슨 소리일까요?"

    "어떤 말로 표현할 수 있을까요?"

- 앞표지와 면지를 보면서 이야기 나눈다.

    "콩의 표정을 살펴볼까요? 왜 이런 표정을 지었을까요?"

    "왜 제목을 '맛있는 구름 콩'이라고 지었을까요?"

    "콩은 앞으로 무엇이 될 것 같나요?"

    (앞면지를 살펴보며) "왜 콩은 하늘을 쳐다봤을까요?"

    (뒤면지를 살펴보며) "왜 마지막에 구름이 콩을 부러워할까요?"

- 그림책을 감상한 다음 이야기 나눈다.

    "콩은 어떻게 두부가 되었을까요?"

    "왜 콩은 구름이 되고 싶어했을까요?"

    "시간이 지날수록 콩은 점점 무엇이 되었나요?"

    "뒤표지에서 왜 두부는 '우리가 콩이라는 건 비밀이에요' 하고 말했을까요?"

    "여러분이 좋아하는 두부 음식은 무엇인가요?"

- 그림만 감상하며, 상황에 따른 콩의 감정을 표정으로 지어 본다.

    (상황 예)

    나는 콩! 나는 콩! 데구르르 굴러서 멍석으로 들어갔었지!

    나는 콩! 나는 콩! 퐁당퐁당 물속으로 들어갔었지!

오감이 열리는 읽어 주기 Tip

- 말 주머니에 있는 콩의 대화체는 재잘재잘대는 목소리로 읽는다.
- 장소(멍석과 물속에서는 신나게, 삼베 주머니에서는 기운 없이 등)에 따른 콩의 표정을 보며, 음색을 달리하여 읽는다.

색다른 두부 요리, 포두부 말이

얇은 두부도 있어요, 바로 포두부지요. 아이들에게 새로움을 선사하는 포두부에 다양한 재료를 넣어 돌돌 말아 보세요. 만드는 재미도 있고, 먹는 재미도 있답니다.

요리 재료와 도구
- 포두부 90g, 파프리카 반 개, 당근 반 개, 닭 가슴살 30g, 칠리 소스 1T, 접시, 도마, 플라스틱 칼

요리 Tip
- 포두부는 끓는 물에서 30초 동안 데친다. 그냥 먹을 수도 있지만, 데친 포두부의 식감이 더 좋다.

1 데친 포두부를 준비한다.

2 파프리카, 당근, 닭 가슴살을 포두부 크기만큼 플라스틱 칼로 자른다.

3 포두부에 재료를 올려놓는다.

4 재료가 흩어지지 않게 포두부로 돌돌 만다.

3부 / 골고루 냠냠, 건강 쑥쑥!

두부 깃발 쓰러뜨리기

말랑말랑, 몰랑몰랑, 부들부들 등 다양한 의태어가 떠오르는 두부를 손으로 만지며 촉감 놀이를 해볼까요? 촉감 놀이를 한 두부로 이번에는 산을 만들어 볼까요? 두부 깃발 쓰러뜨리기 놀이를 하면서 아이들은 눈과 손의 협응력과 힘 조절력을 기릅니다.

놀이 도구 두부(1인당 반 모), 접시, 플라스틱 칼, 큰 쟁반, 모양 틀, 깃발

놀이 즐기기

- 두부 반 모를 접시 위에 올려놓고, 이야기 나눈다.
  "두부로 무엇을 하고 싶나요?"
- 플라스틱 칼로 마음대로 두부를 자르고 손으로 으깨면서 촉감을 느껴 본다.
  "두부를 만져 보니 어떤 느낌이 드나요?"
- 으깬 두부를 다양한 모양 틀로 찍어 본다.
  "어떤 모양이 나왔나요? 어떤 이름을 지어 주고 싶나요?"
- 친구와 내가 모양 틀로 찍은 두부를 다시 으깬 다음, 두부 산을 만든다.
- 두부 산 꼭대기에 깃발을 세운다.
- 아이들이 원하는 방법(가위바위보, 오른쪽 방향 등)으로 순서를 정한다.
- 두부 산의 두부를 순서대로 1번씩 원하는 양만큼 덜어 낸다.
- 깃발이 쓰러질 때까지 게임을 진행한다.

> **오감을 깨우는 놀이 Tip**
> - 두부의 수분을 키친 타올로 제거한 다음 놀이한다.
> - 우동 그릇에 두부를 눌러 담아 뒤집으면 쉽게 두부 산을 만들 수 있다.
> - 책 표지에 있는 콩 그림을 세모 모양으로 오린 다음 빨대에 붙여 깃발을 만든다.

놀이 풍경

두부를 플라스틱 칼로 잘라요.

조물조물 두부를 으깨요!

자동차 모양이 됐어!
난 토끼 모양!

두부 산! 깃발 쓰러뜨리기!

콩으로 소리를 만들어요

그림책에 많은 의성어와 의태어가 나옵니다. 과연 콩은 만나는 물체에 따라 어떤 소리를 낼까요? 우리가 직접 콩으로 여러 가지 소리를 만들어 볼까요? 닿는 물체에 따라 달라지는 콩의 소리를 비교해 보면서 직접 소리를 만드는 경험을 해봅니다.

놀이 도구   김장 매트, 콩, 쟁반, 페트병, 작은 키

놀이 즐기기

- 그림책을 살펴보며, 책 속에 나오는 다양한 의성어와 의태어를 알아본다.
    "어떤 소리가 나왔나요?"
    "이 소리(콰르르, 데구르르 등)는 어떻게 낼 수 있을까요?"
- 한 모둠(4~5명)의 아이들이 김장 매트를 잡고 앉는다.
- 김장 매트 안에 콩을 넣은 다음 흔들어 본다.
    "어떤 소리가 들리나요? 어떤 소리와 비슷하나요?"
- 쟁반, 페트병, 키 등 제시된 다양한 도구를 살펴본다.
- 도구가 비치된 영역에 가서 자신이 원하는 도구를 이용해 콩 소리 뷔페 놀이를 한다.
    "어떤 소리를 만들고 싶나요?"
    - 키 위에 콩 많이 떨어뜨리기, 콩 하나씩 떨어뜨리기, 키 흔들기.
    - 콩이 들어 있는 페트병 위아래로 흔들기, 페트병 손으로 치기.
    - 쟁반에 있는 콩 흔들기, 쟁반 위로 튕기기.

오감을 깨우는 놀이 Tip

- 쟁반, 키를 이용해 놀이할 때 콩이 바닥에 떨어질 수 있으므로 신문이나 비닐을 깔고 놀이한다.
- 콩을 콧구멍, 입, 귀 등에 넣지 않도록 안전 약속을 꼭 정한다.

놀이 풍경

김장 매트를 흔들면서 소리를 들어 봐!

쟁반 위에서 데구르르~

페트병 속에서 천둥소리가 들려!

키 위에서 콩이 콩콩콩!

📖 놀이를 마무리하며

두부는 많은 사람들이 좋아하는 음식이지만 우리 반에 두부를 먹기 힘들어하는 아이들이 있다. '많은 사람들이 쉽게 좋아하는 음식인데 왜 싫어할까?' 의문이 들어 그림책으로 두부에 대한 친숙함을 키운 다음 포두부를 제시했다. "이거 두부 아닌 것 같아요" 말하면서 두부를 만져 보는 아이들… 포두부로 여러 재료를 말아 먹을 때 조금 두려워했지만 한 입 먹고 나서는 "어? 느낌이 달라" 하며 조금 더 먹어 보겠다고 하였다.

도전하는 아이들과 함께 두부를 자르고, 으깨고, 모양 틀에 찍어 보았다. 요리 재료가 놀잇감이 된다는 사실에 조금은 낯설어했지만 곧 두부와 친숙하게 놀이를 했다. "두부 만지니까 이상해", "두부가 부드러워", "두부 요리 먹고 싶다" 하며 점점 두부 놀이에 빠져들었다. 두부를 으깰 때는 옆 친구에게 튀지 않도록 힘 조절을 하기도 했다.

두부 깃발 쓰러뜨리기를 할 때는 한 아이가 욕심을 부려 두부를 한꺼번에 많이 가져가는 바람에 깃발이 금방 쓰러졌다. 그때 친구가 규칙과 유의점을 다시 알려 주자 자신의 욕심을 조절하는 모습을 보였다.

아이들이 책 속에 나오는 의성어, 의태어를 따라 말하면서 관심을 보이길래 콩을 이용해 소리를 만드는 놀이도 해보았다. 처음에는 힘 조절이 안 돼서 콩이 이리저리 튀었는데, 주워 오는 일에 불편함을 느낀 아이들은 점차 힘을 조절하며 놀이를 하였다.

점심 식사 시간만 되면 "밥에 있는 콩 싫어요", "두부 조금만 먹을래요" 하며 콩과 두부를 싫어하는 아이들의 목소리가 들리는데, 놀이를 하고 때마침 나온 콩밥을 보면서 한 아이가 "저 콩 많이 주세요!" 하였다. 친구의 말에 경쟁하듯 "저도 많이 주세요!", "난 오늘 다 먹을 거야!" 하며 아이들이 너도나도 콩을 먹겠다고 하였다. 아이들은 참 신기하다.

함께 읽으면 좋은 그림책

『누에콩과 친구들의 하늘하늘 풀놀이』 나카야 미와 글·그림, 웅진주니어

『누에콩과 콩알 친구들』 나카야 미와 글·그림, 웅진닷컴

『다 콩이야』 보리 글, 정지윤 그림, 보리

3-7

골라 먹는
재미가 있다

허락 없이 음식을 가져가면 안 된다는 것은 알지만 초밥을 마음껏 먹어 보고 싶은 마음에 그만 야옹이들이 사고를 칩니다. 제멋대로 구는 말썽쟁이들이지만, 잘못한 걸 알고 열심히 반성도 하니 그 모습을 보고 멍멍 씨 마음도 누그러집니다.

먹고 싶은 건 꼭 먹고, 하고 싶은 것은 꼭 하는 야옹이들을 보면 우리 아이들이 떠오릅니다. 우리 아이들도 혼날 줄 뻔히 알면서도, 말썽을 피울 때 느끼는 짜

구도 노리코 글·그림
책읽는곰

릿한 행복감에 일단 저지르고 봅니다. 이럴 때 아이를 혼내는 엄마 아빠의 마음도 멍멍 씨와 비슷하지 않을까요?

옹기종기 창문에 붙어 있는 고양이들의 모습을 보니 고양이들이 어떤 생각을 하고 있는지 궁금해집니다. 야옹이가 좋아하는 생선이 올라간 맛있는 초밥! 우리 아이들은 어떤 재료가 올라가 있는 초밥을 좋아할까요?

📖 그림책 펼치기

- 뒤표지를 보면서 이야기 나눈다.

    "무엇이 보이나요? 이 중 여러분이 좋아하는 초밥은 무엇인가요?"

- 앞표지를 보면서 이야기 나눈다.

    "멍멍 씨는 무엇을 하고 있나요?"

    "창문에 있는 고양이는 무슨 생각을 하고 있을까요?"

- 그림책 이야기를 감상한다.

    "어떤 이야기가 가장 기억에 남나요?"

    "여러분이 멍멍 씨라면 기분이 어떨 것 같나요?"

    "빙글빙글 돌아가는 초밥의 기분은 어떨까?"

- 고양이 행동에 대한 자신의 생각을 말한다.

    "초밥 미끄럼틀 만들기, 구덩이 파기 등 고양이의 행동에 대해 여러분은 어떻게 생각하나요?"

    <아이들이 주고받은 이야기>
    - 고양이가 미끄럼틀 만들어서 초밥 가져가려고 한 건 나빠.
    - 그런데 고양이는 생선을 좋아하잖아. 초밥 사 먹을 돈이 없나 봐.
    - 그래도 몰래 가져가는 건 안 돼. 물고기 잡아서 먹으면 되잖아.
    - 그런데 다른 동물들이 다 먹었잖아. 다른 동물들도 나쁜 거야?
    - 다른 동물은 모르고 먹었잖아.

- 다 함께 초밥 만들기를 마임으로 표현해 본다.

오감이 열리는 읽어 주기 Tip

- 상황에 따라 다양한 의성어, 의태어를 말의 속도와 목소리 크기를 다르게 하여 읽는다.
- 그림책을 감상할 때 아이들의 참여도를 높인다. 예를 들어, 교사가 "초밥 맛있겠다" 말하며 두 손으로 고양이 귀 모양을 하면 아이들이 '야옹'이라고 말한다.

어떤 초밥을 만들까? 오이 롤 초밥

그림책 속 멍멍 씨처럼 초밥을 만들어 볼까요? 아직 날생선을 먹기 힘들어하는 아이들도 함께 만들 수 있어요. 내가 원하는 재료를 얹어 만드는 오이 롤 초밥, 최고랍니다.

요리 재료와 도구

- 오이 1개, 밥 100g, 배합 초 재료(식초, 설탕, 소금), 맛살, 참치, 당근, 칼, 도마, 숟가락, 젓가락, 접시, 그릇, 감자 칼 등

요리 Tip

- 배합 초는 식초, 설탕, 소금을 3 : 2 : 1 비율로 넣고 전자레인지에 15초 돌린다.
- 감자 칼, 칼에 손이 베이지 않게 조심한다.

1 감자 칼로 얇게 저민 오이를 배합 초에 10초 정도 담근다.

2 밥에 배합 초를 1T 넣고 버무린다.

3 밥을 한 입 크기로 뭉친 다음, 오이에 만다.

4 맛살, 다진 당근, 참치를 초밥 위에 올려 먹는다.

초밥 배달 갑니다~

『초밥이 빙글빙글』에 등장하는 초밥을 보자마자 아이들은 자신이 좋아하는 초밥 이름을 말하기 바쁩니다. 초밥을 먹고 싶어하는 아이들의 손끝에서 오밀조밀 먹음직스러운 클레이 초밥이 완성됩니다. 이 초밥을 누구에게 배달할까요?

놀이 도구　클레이, 둥근 자석, 양면테이프, 막대자석, 벽돌 블록 2개, 실, 아크릴 판

놀이 즐기기

- 내가 만들고 싶은 초밥을 생각해 본다.
  "어떤 초밥을 만들고 싶나요?"
  "어떤 색깔이 필요할까요?"
- 클레이를 이용해 초밥을 만든다.
- 양면테이프로 둥근 자석을 초밥 밑면에 붙인다.
- 벽돌 블록 위에 아크릴 판을 올려놓는다.
- 실을 이용해 아크릴 판 위에 길을 표현한다. 실이 꼬이지 않도록 유의하면서 간격을 넓혀서 또는 자유롭게 길을 표현한다.
- 초밥을 올려놓은 다음 막대자석을 이용해 초밥을 배달한다.
  "이 초밥을 누구에게 배달하고 싶나요?"
  "초밥이 어떻게 움직일까요?"

오감을 깨우는 놀이 Tip

- 막대자석 길이에 따라 벽돌 블록의 높이를 다르게 한다.
- 둥근 자석을 붙일 때 막대자석과 붙는 면을 꼭 확인한다.
- 놀이한 초밥은 이후 가정으로 가져가 초밥 마크네틱 장식으로 활용한다.

놀이 풍경

난 달걀 초밥을 만들 거야!

내가 만든 새우 초밥 어때?

초밥에 자석을 붙여 보자!

초밥 배달 갑니다~

빙글빙글 초밥 도미노

빙글빙글 돌아가는 초밥을 보고 있으면 나한테 어떤 초밥이 올까 기다려집니다. '쓰러지지 않게 잘 세워야 돼', '이쪽으로 돌아가게 할까?' 이야기를 주고받으며 친구와 초밥 도미노 놀이를 하면서 아이들의 마음은 어느새 하나가 됩니다.

놀이 도구 『초밥이 빙글빙글』 뒤표지 초밥 그림, 레고 블록, 투명 테이프(넓이 2.5cm), 가위

놀이 즐기기

- 『초밥이 빙글빙글』 뒤표지에 있는 다양한 초밥을 살펴본다.
  "어떤 초밥이 있나요?"
  "이 중 어떤 초밥을 좋아하나요?"
- 가위로 초밥 그림을 오린다.
- 테이프를 뒤로 만 다음, 초밥 그림을 레고에 붙인다.
- 다 함께 초밥 도미노를 구성한다.
  <아이들이 주고받은 이야기>
  - 어떤 모양으로 만들까?
  - 동그랗게 하자. 그런데 앞에는 두 개 세운 것도 있게 하자.
  - 세우는데 자꾸 쓰러져. 조심해!
- 다 함께 초밥 도미노를 쓰러뜨린다.
- 다양한 모양의 도미노를 구성하여 놀이한다.

오감을 깨우는 놀이 Tip

- 초밥 그림은 그림책 뒤표지에 있는 그림을 컬러 복사해서 사용한다.
- 레고가 없으면 다른 네모 모양의 블록, 젠가, 상자 등을 사용한다.

놀이 풍경

초밥 그림을 오려 보자!

레고 블록에 초밥 그림을 붙여 봐!

초밥 도미노 세울 때 조심해야 돼!

와~ 초밥 도미노 성공!

📖 놀이를 마무리하며

날생선이 올라가는 초밥을 좋아하는 아이는 그리 많지 않다. 표지에 있는 초밥 그림을 보면서 "먹고 싶다"고 말하는 아이도 있지만 "으~ 난 안 익은 거 싫어" 말하는 아이도 있다. 그럼 아이들은 어떤 재료가 올라가는 초밥을 좋아할까? 아이들은 오이 롤 초밥을 만들면서 새로운 형태의 초밥에 신기해했고, 간단하게 만들 수 있어 성취감도 느꼈다. 오이를 싫어하는 아이도 조금이라도 먹어 보겠다고 도전하는 모습을 보였는데, 다 먹지는 못했지만 도전하는 그 마음을 격려해 주었다.

각자 좋아하는 초밥을 클레이로 만들 때는 색깔과 모양을 세심하게 표현하였다. 자석의 힘으로 초밥을 움직이자 신기해했는데, 급한 마음에 막대자석만 빨리 움직이는 바람에 초밥에 있는 둥근 자석이 막대자석을 따라가지 못하는 경우가 생겼다. 초밥 배달을 잘하기 위해서는 막대자석을 어떻게 움직여야 하는지 아이들 스스로 방법을 찾아보게 하였다.

빙글빙글 돌아가는 회전 초밥의 기분은 어떨까? 초밥 그림을 붙여 도미노 놀이를 했다. 직접 그림을 오려 붙이고 도미노를 구성해서 그런지 아이들이 더 애착을 보였는데, 자유 놀이 시간에도 계속 갖고 놀이를 하였다. 도미노를 구성하는 중간에 안타깝게 도미노가 쓰러지자 화내기보다 "조심히 세우면 돼" 말하며 다시 도전하는 아이들의 모습이 인상 깊었다.

초밥은 다른 나라 음식이지만 이제는 우리에게도 많이 익숙한 음식이다. 그림책을 통해 아이들이 흔히 접하는 유부 초밥 외에도 여러 종류의 초밥이 있다는 것과 초밥의 특징을 알게 되었다. 아직 날생선을 먹는 것은 어렵지만, 여러 가지 재료로 만든 초밥들을 경험하면서 다양한 음식에 관심을 갖게 되기를 바랐다.

함께 읽으면 좋은 그림책

『아가야 밥 먹자』 여정은 글. 김태은 그림. 길벗어린이

『맛있는 초밥 도감』 오모리 히로코 글·그림. 길벗스쿨

밥을 잘 먹으면
멋진 왕자와 공주가 되지

'밥이 보약'이라는 말이 있듯 밥 한 그릇을 잘 먹는 것이 건강을 유지하고 회복하는 아주 중요한 방법일 것입니다. 이 그림책은 여러 반찬들이 등장하여 저마다 사연을 소개하고, 삼시 세끼를 꼬박꼬박 다 먹은 지니와 비니가 멋진 왕자와 공주로 변신하게 된다는 내용이 담겨 있습니다. 현미, 총각김치, 김, 콩 등 다양한 반찬들이 자신을 먹어 달라는 눈빛과 표정을 지으며 우주 여행을 떠납니다.

이소을 글·그림
상상박스

아이들과 밥풀 우주복을 입고 우주 여행을 떠나는 그림책 속 지니와 비니로 변신하여 몸속 여행을 합니다. 또한 김, 멸치, 미역에서 나는 바다 내음을 맡으며 바닷속 여행도 경험하지요. 아이들은 놀이를 통해 밥 한 그릇을 기쁜 마음으로 먹고 편식하지 않는 태도를 기르며 몸과 마음이 건강해집니다.

📖 그림책 펼치기

- 급식 식판 사진을 살펴보며 이야기를 나눈다.

  "어떤 음식들이 담겨져 있나요?"

  "음식들이 무슨 말을 하고 있을까요?"

- 그림책 표지를 보며 이야기 나눈다.

  (앞표지를 보며) "무엇이 보이나요? 밥 알갱이는 어떤 표정인가요? 밥 알갱이는 무슨 생각을 하고 있을까요?"

  (뒤표지를 보며) "이 밥공기는 왜 비어 있을까요? 어떻게 하면 비울 수 있을까요?"

- 그림책을 읽어 준다.

  "맛있는 냄새를 맡을 때 지니와 비니는 어떤 모습(표정)을 하고 있나요?"

  "생선, 밥, 계란말이 등 반찬은 누가 만들었을까요?"

- 그림책 내용을 떠올리며 서로 이야기를 나눈다.

  "지니가 바다처럼 맑고 건강하게 변신하는 모습을 얼굴 표정으로 표현해 볼까요?"

  "비니가 푸르른 나무처럼 쑤욱 쑥 변신하는 모습을 몸짓으로 표현해 볼까요?"

  "지니와 비니가 멋진 왕자와 공주로 변신하는 모습을 어떻게 표현하면 좋을까요?"

  "지니와 비니는 별나라에서 어떻게 놀았을까요?"

- 그림책을 가지고 어떤 놀이를 하고 싶은지 아이들과 이야기를 나눈다.

  - 지니와 비니처럼 별나라 여행 가요, 바다 재료로 만들기를 해봐요.

오감이 열리는 읽어 주기 Tip

- 책 표지부터 속지까지 그림과 내용을 살펴보며 아이들과 상호 작용하면서 읽는다.
- "잘 먹어 줘!"처럼 반찬들이 말하는 내용을 읽을 때 동일한 운율을 넣어서 읽는다.

맛있는 밥 반찬, 바삭바삭 김 부각

지니와 비니가 바다 내음 나는 김을 좋아하는 것처럼, 아이들이 김과 친해지도록 김과 라이스페이퍼를 활용하여 김부각을 만들어 보세요. 요리 방법이 간단하여 어린 연령의 아이들도 쉽게 따라 할 수 있습니다.

요리 재료와 도구
- 조미김 1봉, 라이스페이퍼 3장, 미온수(40도 정도), 넓은 그릇, 넓은 접시

요리 Tip
- 미온수는 화상 예방을 위해 보온병에 담아서 사용한다.
- 전자레인지, 에어프라이어 등 다양한 조리 기구로 구워 보고 맛을 비교해 본다.

1 김 부각 만들기에 필요한 재료를 준비한다.

2 김을 접시에 올린다.

3 김의 크기에 맞춰 작게 잘라둔 라이스페이퍼를 미온수에 적신다.(화상 주의)

4 흐물해진 라이스페이퍼를 김에 올려 붙인다.

3부 / 골고루 냠냠, 건강 쑥쑥! **217**

밥 한 그릇 뚝딱! 몸속 여행

지니와 비니는 밥풀 우주복을 입고 우주 여행을 떠납니다. 그림책의 지니와 비니처럼 자신이 원하는 음식으로 변신하여 몸속 여행을 떠나 볼까요? 이 놀이를 하며 아이들은 음식이 소화되는 과정에 관심을 갖고, 우리 몸을 건강하게 해 주는 음식의 소중함을 느낍니다.

놀이 도구 시트지, 음식 전단지, 매직, 둥근 터널

놀이 즐기기

- 그림책에 나온 지니와 비니의 모습에 대해 이야기 나눈다.
  "지니와 비니는 별나라 여행을 어떻게 하고 있나요?"
- 아이들과 터널을 살펴보며 어떻게 몸속 나라 여행을 하면 좋을지 이야기 나눈다.
  "여러분이 직접 몸속 나라 여행을 한다면 어떻게 하고 싶나요?"
- 자신이 변신하고 싶은 음식을 시트지에 그림, 글로 표현하거나, 전단지에서 찾아 오려 가슴에 붙인다.
- 몸속 터널을 지나는 방법에 대해 이야기 나눈다.
  "친구들이 어떻게 하면 안전하고 재미있게 몸속 터널을 지나갈 수 있을까요?"
  "식도 터널을 통과하는 친구들이 잘 지나가려면 바깥쪽에 있는 친구들은 어떻게 하면 좋을까요?"
  "몸속 터널 여행을 마친 친구는 어디로 가면 좋을까요?"

오감을 깨우는 놀이 Tip

- 아이들이 안전하게 몸속 터널 여행을 할 수 있도록 사전에 충분히 토의를 한다.
- 둥근 터널 대신 훌라후프를 사용해도 된다.

놀이 풍경

나는 어떤 음식으로 변신할까?

『밥 한 그릇 뚝딱!』 속의 밥으로 변신!

지금부터 몸속 여행 출발~

식도, 위, 장을 통과해 몸속 터널 탈출 성공!

우리들이 만든 바닷속 풍경

　그림책에서 지니는 깨끗한 바다처럼 맑고 건강하게 만들어 주겠다는 김의 이야기를 듣고 김을 밥에 돌돌 말아서 먹었습니다. 이렇게 지니는 깨끗한 바다가 파도를 치듯 매우 건강하고 행복한 마음속으로 풍덩 빠지게 됩니다. 건강하고 맑은 지니처럼 바다 내음 솔솔 풍기는 미역, 김, 멸치를 이용하여 바닷속 풍경을 만들어 볼까요?

놀이 도구　멸치 10개, 김 5매, 마른미역 2줄기, 파란 비닐, 도화지, 색연필, 매직, 가위, 풀, 글루건

놀이 즐기기

- 그림책 속의 지니가 김을 먹고 바닷속으로 풍덩 빠지는 장면을 보며 이야기 나눈다.
  "지니는 왜 바다로 풍덩 빠져들었나요?"
  "바다 내음이 나는 음식에는 어떤 것들이 있나요?"
- 바닷속 재료들을 탐색해 본다.
  "이 재료의 이름은 무엇일까요?"
- 바닷속 재료들을 이용하여 어떻게 꾸미면 좋을지 이야기 나눈다.
  "무엇으로 바다를 표현할까요?"
  "김, 미역, 멸치로 무엇을 만들어 보고 싶나요?"
- 도화지에 바닷속 생물을 그린 다음, 가위로 오려 바다 위에 꾸며 본다.
- 다 함께 완성한 작품을 살펴보며 제목을 짓는다.

오감을 깨우는 놀이 Tip

- 바닷속 풍경을 꾸밀 때 아이들이 자유롭게 꾸미고 표현할 수 있도록 격려한다.
- 안전사고 예방을 위해 글루건은 아이들 손이 닿지 않는 곳에 놓고 사용한다.

놀이 풍경

바닷속 재료들로 무엇을 할까?

멸치, 미역, 김으로 만든 바다!

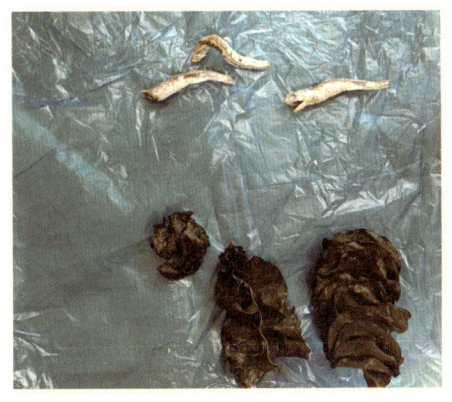

물고기를 그려서 바다를 꾸며야지!

우리들이 만든 알록달록 바닷속 풍경!

📖 놀이를 마무리하며

　밥 한 그릇을 즐겁게 먹는 아이들을 상상하며 이 책을 들려주기 시작했다. 음식들의 표정과 아우성이 먹고 싶은 욕구를 불러일으켰는지 아이들은 그림책을 읽으며 "나는 김 좋아하는데", "나는 생선도 잘 먹는데", "나는 총각김치도 잘 먹어" 하며 자신이 좋아하는 음식들을 말했다.

　지니와 비니처럼 아이들과 함께 별나라 여행 가는 것을 상상하며, 자신이 변신하고 싶은 음식을 신나게 시트지 위에 그리게 하였다. 시트지를 가슴에 붙이고 몸속 여행을 하는데, 한 아이가 파라슈트 밥그릇 위에 앉아서 식도를 타고 나오며 "똥이다!" 외치는 바람에 아이들이 깔깔거리며 웃었다. 십이지장 터널을 지나 바깥으로 나오는 아이들의 얼굴은 행복해 보였다. 밖에서 터널을 잡고 있는 아이들도 "음식들아, 잘 소화되어라!" 응원하며 친구들이 몸속 터널을 잘 이동하도록 신나게 터널을 흔들었다.

　바다의 진한 내음이 나는 멸치, 미역, 김 냄새도 맡아 보았다. 아이들은 "바닷가에 온 것 같아" 말하며 비닐에 김을 잘라 붙여 해저 터널과 배를 만들었다. "검은색만 너무 많으니까 어두워", "바다에는 알록달록 물고기들과 잠수함이 필요하지", "멸치도 생각보다 작네" 말하며 색연필과 매직으로 물고기를 그리고 잠수함도 꾸몄다. 작품을 완성한 뒤에 아이들은 한참 작품의 제목을 고민하더니, "우리들이 만든 바닷속 풍경"으로 하자고 말하였다.

함께 읽으면 좋은 그림책

『맛있어 보이는 백곰』 시바타 게이코 글·그림, 길벗스쿨

『꼬마 아이를 먹을래』 실비안 도니오 글, 도로테 드 몬프레 그림, 바람의아이들

『편식 대장 냠냠이』 미첼 샤매트 글, 호세 아루에고, 아리안 듀이 그림, 보물창고

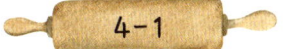

덕담
한 그릇

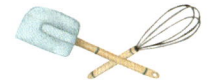

떡국은 많은 사람들이 좋아하는 우리나라 전통 음식입니다. 그림책 『떡국의 마음』은 설날에 입는 옥빛 한복 저고리와 복주머니, 윷놀이, 세뱃돈 등을 떠올리게 하는데, 특히 새해를 맞이하며 먹는 떡국은 함께 먹는 사람들을 위한 덕담의 의미가 들어 있습니다.

떡국 한 그릇에는 많은 정성이 들어갑니다. 떡국 위에 올려진 고명은 정성 없이 만들기가 쉽지

천미진 글, 강은옥 그림
발견

않지요. 그림책에는 김이 모락모락 나는 쫀득하고 따뜻한 가래떡이 뽑아져 나오고 떡국이 완성되기까지 모든 과정이 잘 담겨 있습니다. 떡국을 준비하는 이의 마음과 정성을 느끼면서 쭈우우욱, 치이이익, 송송송송 같은 생생한 의성어와 의태어를 살려 읽으면 직접 요리를 하는 듯 그 맛이 느껴집니다. 오늘 저녁에는 사랑과 감사의 마음을 담아, 가족과 가까운 사람들을 위해 정성껏 떡국을 준비해 보면 어떨까요?

📖 그림책 펼치기

- 복주머니, 윷놀이, 세배, 떡국 그림을 제시하고 이야기 나눈다.

    "이 그림을 보니 무엇이 떠오르나요?"

    "설날에 왜 이런 것들이 필요할까요?"

- 그림책 앞표지를 살펴보며 이야기 나눈다.

    "무엇이 보이나요? 어떤 재료가 보이나요?"

    "누구의 손일까요? 누가 끓인 떡국일까요?"

    "왜 제목을 떡국의 마음이라고 지었을까요?"

- 그림책 이야기를 감상하고 이야기 나눈다.

    "각각의 재료마다 마음이 왜 있을까요?"

    "여러분은 어떤 재료의 마음이 가장 마음에 드나요?"

    "만약 떡국을 끓인다면 어떤 재료를 더 넣고 싶나요?"

- 그림만 보고 각 재료의 마음을 표정으로 표현해 본다.

    (예 : 달걀 깨는 마음은 너의 꿈이 더 자유롭기를 바라는 마음)

오감이 열리는 읽어 주기 Tip

- 그림책을 보고 느낌을 살려 의성어(송송송송)와 의태어(쭈우우욱)를 읽어 본다.
- 상황에 따라 적절하고 생동감 있게 읽어 준다.
- 떡국에서 무슨 맛이 느껴지는지 이야기해 본다.

알록달록 정성 담아, 오색 떡국

다양한 색의 떡을 이용하여 끓인 오색 떡국! 알록달록 눈도 즐겁고 맛도 좋아 먹는 사람의 마음을 행복하게 해 줍니다. 덕담도 함께 담아 건네면 더 좋겠지요.

요리 재료와 도구

- 오색 떡, 사골 육수 500ml, 양지 100g, 김 가루 1T, 달걀 1개, 파 10cm, 깨소금 1t, 조선 간장 2T, 소금 1t, 그릇, 수저

요리 Tip

- 떡은 끓으면 붇기 때문에 1인분에 밥 한 공기 정도만 준비한다.
- 끓이는 과정에서 데일 수 있으니 주의한다.
- 재료의 모양, 색, 맛을 탐색하며 이야기한다.

1 오색 떡국 떡을 준비한다.

2 정성껏 고명을 준비하여 6~7cm 길이로 썬다.

3 끓인 떡국 위에 고명을 예쁘게 올려 준다.

4 깨소금을 조금 올려 준다.

4부 / 특별한 날의 초대

떡국에 고명을 얹어라

탁구공에 고명이 연상되는 색 스티커를 붙여 고명 공을 만들고, 고명 공을 튕겨 달걀 판으로 만든 떡국에 넣어 봅니다. 공이 튀는 모습이 어디로 튈지 모르는 우리 아이들의 모습 같네요. 공을 주우러 다니느라 바쁘지만, 즐거운 신체 운동이 됩니다.

놀이 도구   달걀판 4개(떡국), 탁구공 40개(고명), 둥근 색 스티커, 타이머, 마스킹 테이프

놀이 즐기기

- 4개의 모둠으로 나눈다. 모둠은 인원에 따라 조절할 수 있다.
- 모둠마다 달걀판을 한 개씩 나누어 갖는다.
- 탁구공에 색깔 스티커를 붙여 고명을 표현한다.
  (예 : 고기(빨간색), 달걀(노란색), 파(초록색), 김(검은색) 등)
- 모둠마다 탁구공을 10개씩 나누어 갖는다.
- 모둠별로 돌아가며 1분 동안 떡국(달걀판)에 고명(탁구공)을 던져 넣는다.
- 모둠별로 어떤 고명을 가장 많이 넣었는지 알아본다.
  "어떤 고명이 많이 들어갔나요?"
  "그 고명은 어떤 마음이었을까요?"
- 모둠마다 많이 넣은 고명의 마음을 가져간다.

오감을 깨우는 놀이 Tip

- 50cm, 80cm, 100cm 등 거리를 다르게 하여 마스킹 테이프를 붙인다. 고명 공을 던질 거리는 자유롭게 선택한다.
- 초등학생은 바닥에 탁구공을 한 번 튕긴 다음 달걀판에 넣을 수도 있다.
- 유치원생도 던져서 넣는 것이 익숙해지면 튕겨서 넣도록 난이도를 올려 준다.

놀이 풍경

달걀 고명은 무슨 색이었지?   데굴데굴 고명, 어디로 가니?

아하~ 성공!   우리 모둠은 초록 공이 3개!
파의 마음이다.

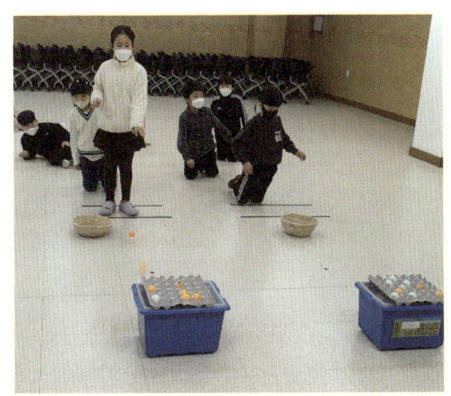   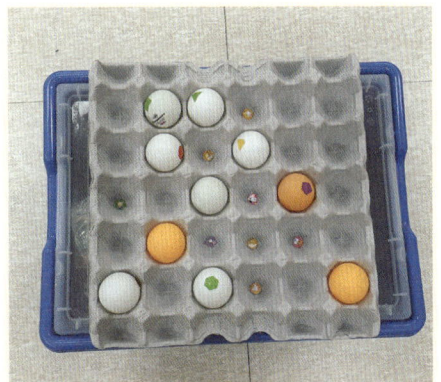

4부 / 특별한 날의 초대

떡국 주이소

'떡국 주이소'는 휘모리 장단 '덩덩 궁덕궁'에 맞춰 떡국을 사 먹으려는 손님과 주인이 주거니 받거니 하는 놀이입니다. 이 놀이를 통해 아이들은 떡국이 만들어지는 과정과 설날에 떡국을 먹으면 나이를 한 살 더 먹는다는 것을 알게 됩니다.

놀이 즐기기

- 아이들과 함께 '떡국 주이소' 구음 메기기, 받기로 함께 읊어 본다.

  (메기기) 떡국 주이소 (받기) 떡을 뽑았소 (메기기) 떡국 주이소 (받기) 떡을 썰었소

  (메기기) 떡국 주이소 (받기) 고명 만드오 (메기기) 떡국 주이소 (받기) 떡국 끓였소

  (메기기) 떡국 주이소 (받기) 나이 한 살 더 드시오

- '덩덩 궁덕궁' 휘모리 장단을 익힌다.
- 두 팀으로 나눈 다음, 손님팀과 주인팀을 정한다.
- 두 손을 바닥에 놓고 '덩덩 궁덕궁'을 연습한 뒤, 장단에 맞추어 노랫말을 넣어 부른다. (예 : 손님팀 "떡국 주이소", 주인팀 "떡을 뽑았소")
- '떡국 끓였소' 노랫말까지 장단에 맞춰 주거니 받거니 한다.
- 마지막으로 손님팀이 "떡국 주이소" 하면 주인팀은 "나이 한 살 더 드시오" 하고 익살스럽게 답하며 바닥을 신나게 '두구두구' 두드린다.
- 노랫말이 익숙해지면 '떡국 주이소' 놀이를 한다. 주인팀은 동그랗게 앉아 옆 사람과 팔짱을 끼고, 손님팀은 주인팀 뒤로 다섯 걸음 떨어져 선다.
- 손님팀이 "떡국 주이소" 하고 한 발 나가면, 주인팀은 "떡을 뽑았소" 하고 답한다.
- 손님팀이 "떡국 주이소" 하고 또 한발 나가고, 주인팀은 "떡을 썰었소" 답한다.
- 주거니 받거니 하다가, 마지막에 주인팀이 "나이 한 살 더 드시오!" 하면 손님팀이 주인팀의 겨드랑이 밑에 손을 넣어 어깨를 잡고 떡국(아이들)을 뽑아 나온다.

놀이 풍경

덩덩 궁덕궁! 떡국 주이소~
장단에 맞춰요.

다섯 걸음! 누구를 뽑지?
떡국 주이소~

으악~ 얘들아 꽉 잡아!
나이 한 살 더 드시오~

와우! 내가 뽑았다.

📖 놀이를 마무리하며

맛있는 떡국도 먹고, 윷놀이도 하고, 세뱃돈도 두둑이 받는 설날! 아이들은 무엇이 생각날까?『떡국의 마음』은 떡국을 준비하는 정성 가득한 마음과 먹는 이의 감사한 마음을 담은 그림책이다. 떡국을 아이들과 함께 만들기로 하고, 왠지 마음 따뜻하게 나눌 덕담도 준비해야 할 것 같아 아이들에게 떡국을 준비한다면 누구를 생각하고 어떤 마음으로 준비할지 이야기를 나누어 보았다. 아이들은 "할머니가 안 아프셨으면 좋겠어요", "가족들이 건강했으면 좋겠어요", "동생과 안 싸울 거예요", "키가 컸으면 좋겠어요" 하며 감동과 재미가 담긴 소망들을 말하였다.

'고명을 얹어라' 놀이에서 이리저리 튀는 탁구공의 모습이 우리 아이들의 모습과 흡사해서 웃음이 나왔다. 그 탁구공을 주우러 여기저기 깔깔대며 뛰어다니느라 아이들은 신이 났다. 시간을 정하지 않았으면 언제 끝날지 모를 만큼 아이들은 놀이에 푹 빠져서 뛰어다녔다.

'떡국 주이소'는 놀면서 우리나라 휘모리 장단인 '덩덩 궁덕궁'도 익히는, 두 마리 토끼를 잡을 수 있는 놀이다. 가위바위보에 져서 속상한 진 팀에게 손님팀과 주인팀 중 선택할 수 있는 우선권을 주었다. 주인팀은 손님팀이 한 발 한 발 다가올 때마다 쫄깃한 긴장감에 온몸이 죄어 오는지 몸에 잔뜩 힘이 들어가 있었다. 같은 팀끼리 단결 의지를 다지며 "애들아 힘내!" 외치는 아이들은 자기도 모르는 사이에 협력이 무엇인지 몸으로 배웠을 것이다. 또 놀이를 하면서 상황에 대처하는 문제 해결력도 키웠을 것이다. 놀이가 갖는 긍정적인 힘이다.

함께 읽으면 좋은 그림책

『손 큰 할머니의 만두 만들기』 채인선 글, 이억배 그림, 재미마주

『설날』 김영진 글·그림, 길벗어린이

새롭게 시작하는
너에게

보이지 않는 우리의 마음을 요리로 표현할 수 있을까요? 『마음먹기』는 시시각각 변하는 변덕쟁이 마음을 즐겨 먹는 음식에 비유하며 '마음먹자'고 합니다. 우리의 마음을 마음 절임, 마음 피자, 마음 부침, 마음 뻥튀기 등 기발한 메뉴로 표현하지요.

아이들은 마음을 언어로 정교하게 설명하기 어렵습니다. 이런 아이들에게 그림책을 펼쳐서 마음 요리 메뉴들을 보여 주며 주문을 받듯 물어봅니다.

자현 글, 차영경 그림
달그림

"지금 마음은 어때요? 어떤 요리로 마음을 표현할 수 있을까요?"

다채로운 요리와 재료로 여러 마음에 대해 이야기를 나누다 보면 아이들은 어느새 보이지 않던 자신의 마음을 보여 주어 다 함께 공감할 수 있게 됩니다.

『마음먹기』 그림책은 새롭게 시작하는 모든 이들에게 뭐든지 마음먹기에 달려 있다고, 어떤 마음을 먹느냐에 따라 세상 사는 맛이 달라진다고 토닥토닥 위로해 줍니다.

4부 / 특별한 날의 초대

📖 그림책 펼치기

- 앞표지의 제목을 보며 이야기 나눈다.

  (접시 위에 놓여 있는 노란 달걀 그림만 종이로 가린다.)

  "제목이 마음먹기네요. 접시 위에 어떤 마음이 있을까요?"

- 면지에 등장하는 마음이 선발 대회에 나온 재료들을 소개한다.

  "파인애플, 딸기, 당근, 그리고 맨 마지막에 달걀이 선발 대회에 나왔네요."

  "이 중에서 누가 '마음이'로 뽑혔을까요? 뽑힌 이유는 무엇일까요?"

- 최종 선발된 마음이 주인공은 누구일지 상상하며 자유롭게 이야기 나눈다.

  "어, 여기 속표지를 보니 마음이 최종 선발자 봉투가 있네요. '마음이'가 누구일까요? 상상해 봐요."

  (본문에 나온 내용을 읽어 주며) "나는 마음입니다. 사람들은 나를 두드리기도 하고 뒤집기도 하고 들들 볶다가 마구 뒤섞기도 합니다. 나를 바싹 졸이고 돌돌 꼬았다 풀고 새카맣게 태우기도 합니다. 나는 누구일까요?"

- '마음이' 후보 중에서 누구일지 생각해 보고 접시 위 종이를 떼어 보여 준다.

  "아, '마음이'는 달걀이었어요. 우리의 마음을 달걀로 어떻게 표현했을까요?"

- 그림책을 감상하면서 자신의 경험과 느낌을 떠올린다.

  "이 장면은 어떤 마음일까요?"

  "그럼 우리의 마음은 언제 뒤집혔나요?"

  "우리의 마음은 언제 새카맣게 탈까요?"

오감이 열리는 읽어 주기 Tip

- 본문의 글이 간결하지만 그림 장면을 천천히 들여다볼 수 있도록 여유 있게 속도를 조절하며, 내용과 분위기에 어울리는 톤으로 읽어 준다.
- '마음으로 마음을 요리하는 마음담 메뉴'를 읽고, 오늘 먹고 싶은 메뉴가 있는지 이야기해 본다.

마음이 버거울 땐, 마음 버거

내 마음을 표현하고 위로해 줄 음식 재료가 있나요? 재료의 맛과 색이 다르듯 우리의 마음도 시시각각 다릅니다. 내 마음을 담아 마음 버거를 만들고, 맛있게 먹어 볼까요?

요리 재료와 도구
- 삶은 달걀 3개, 방울 토마토 4개, 치즈 1장, 슬라이스 햄 1장, 상추 2장, 케첩 약간, 막대 꼬치 3개, 플라스틱 칼, 도마

요리 Tip
- 소금과 식초를 넣은 물에 달걀을 삶은 뒤 찬물로 헹구면 껍질이 잘 벗겨진다.

1 마음 버거 만들기 재료와 방법을 소개한다.

2 삶은 달걀을 반으로 자른다.

3 상추, 토마토, 햄, 치즈를 한 입 크기로 자른다.

4 여러 가지 재료를 마음대로 올린 다음, 꼬치를 꽂아 완성한다.

마음 스카프 놀이

어떤 날은 기쁘고 행복하고, 또 어떤 날은 뾰족뾰족 가시가 돋고, 친구와 다툰 또 어떤 날은 슬프고 우울합니다. 우리 마음은 알록달록 여러 가지 색깔의 스카프와 같지요. 스카프의 부드러운 촉감을 느껴 보고, 내 마음을 여러 방법으로 표현해 봅니다. 우리 마음 속에 다양한 감정이 존재함을 알고, 에너지도 발산할 수 있습니다.

놀이 도구   색깔 스카프 여러 장

놀이 즐기기

- 스카프로 자유롭게 탐색 놀이를 한다.

  "스카프를 갖고 어떻게 놀이를 할 수 있을까요?"

  - 비벼요, 위로 던져요, 손으로 뭉쳐요.

  "하고 싶은 스카프 놀이를 자유롭게 해볼까요?"

  (예 : 스카프 망토 두르기, 하늘 높이 던졌다가 잡기, 떨어지는 스카프 발로 차 보기)

- 스카프를 활용하여 내 마음이 어떤지 이야기 나눈다.

  "오늘 내 마음을 색깔로 표현하면 어떤 스카프가 어울릴까요?"

  - 난 분홍 스카프예요. 오늘 친구랑 재미있게 놀았어요.

- 스카프로 다양한 마음을 표현해 본다.

  "짜증나고 화가 날 때 어떻게 표현할까요?"

  - 스카프를 세게 던져요, 뭉쳐요, 흔들어요, 발로 차요.

  "부끄러운 마음은 어떻게 표현할까요?"

  - 안 보이게 숨어요.

  "다른 마음도 표현해 볼까요?"

  - (손 안에 스카프를 넣어 꽃 모양을 만들어 보여 주며) 기분 좋은 내 마음이에요.

  - 친구들이랑 마음을 만들어요, 마음이 뻥튀기처럼 커져요.

놀이 풍경

오늘 내 마음은 어떤 색깔일까?

내 마음이 화가 날 때는 이렇게!

숨고 싶을 때! 부끄러울 때!

마음이 커지고 싶을 때?
마음 뻥튀기!

알록달록 내 마음을 담아, 푸드 아트

매일 시시각각 변하는 마음처럼 다양한 음식 재료를 탐색해 본 뒤 자르고, 꾸미고, 먹어 보면서 보이지 않는 마음을 자연스럽게 표현해 봅니다. 음식 재료에 담겨 있는 마음을 곰곰이 돌아보면서 마음속에 있는 다양한 감정들을 만날 수 있습니다.

놀이 도구 그림책의 마음담 메뉴 장면, 색깔 도마, 빵류(식빵, 꿀떡), 김, 채소류(청경채, 새싹), 과자류(꽈배기, 시리얼, 팝콘), 종이 접시

놀이 즐기기

- 그림책에 나와 있는 마음담 메뉴를 살펴본다.
  "먹고 싶은 메뉴가 있나요?"
  - 마음 빵요, 마음 피자요.
  "지금 내 마음을 위로하거나 문제를 시원하게 해결해 줄 메뉴도 있나요?"
  - 기특한 메뉴의 마음 주스요, 토닥토닥 메뉴의 마음 정식 세트요.
- 오늘 내 마음을 표현할 음식 재료를 탐색해 본다.
  "어떤 재료들이 있나요? 다양한 재료를 보니 어떤 마음이 드나요?"
  "오늘 내 마음을 어떤 재료로 표현해 보고 싶나요? 왜 이 재료를 선택했나요?"
- 작품을 보며 어떤 마음을 담았는지 자신의 이야기를 친구들에게 들려준다.

오감을 깨우는 놀이 Tip

- 표현하기를 두려워하고 자신감이 없는 아이도 부담 없이 즐길 수 있도록 편안한 분위기를 만들어 준다. 마음이 궁금하다고 집요하게 물어보며 불편하게 하지 않는다.
- 작품을 완성해 가는 과정에서 마음을 잘 들여다보고 이를 표현할 수 있도록 차분한 음악을 들려준다. 특히, 아이의 말을 듣고 공감해 주는 것이 가장 중요하다.

놀이 풍경

오늘 내 마음은 마음 피자!

내 마음을 어떻게 표현할까?

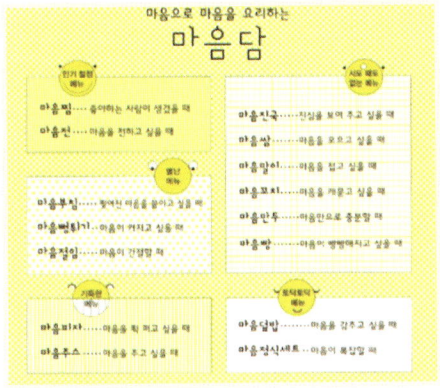

소풍 나온 강아지처럼 마음이 행복해!

훨훨 날아가는 나비가 되고 싶어!

📖 놀이를 마무리하며

『마음먹기』는 새로운 학년으로 올라가는 날, 새롭게 무언가를 시작하는 날, 마음을 단단히 먹고 새롭게 시작하는 아이들에게 응원의 마음을 담아 건네고 싶은 그림책이다.

『마음먹기』에서 보이지 않는 추상적인 마음을 달걀로 사랑스럽게 표현한 것처럼 아이들도 스카프 흔들기, 던지기, 뭉치기 등 여러 방법으로 마음을 보여 주었다. "스카프를 숲 위로 던지는 건 마음이 뻥 뚫리는 거예요" 하며 스카프를 힘껏 위로 던지며 에너지를 발산하는 아이들의 얼굴이 환했다.

"스카프 말고 또 어떤 걸로 마음을 표현할 수 있을까요? 내 마음을 표현할 물건 찾아오기!" 이 말이 떨어지기가 무섭게 아이들은 주변에 있는 물건을 살펴보며 보물찾기에서 보물을 발견할 때처럼 큰 소리로 외쳤다. "여기 있어요! 막대기가 좋아요", "왜요?", "쿵쿵 두드리면서 마음을 표현할 수 있잖아요."

스카프 하나로 시작한 '마음 스카프' 놀이가 주변에 있는 모든 물건으로 확장될 수 있다는 생각이 들었다. 하루에 한 개씩 다른 물건을 다양한 방법으로 두드리고, 흔들고, 굴리며 마음을 만나면, 아이들이 주변에 있는 사물을 민감하게 바라보게 될 것 같다.

다양한 빛깔의 음식 재료가 주는 친숙함을 활용하여 내 마음을 표현해 보는 푸드 아트 놀이도 해보았다. 아이들이 좋아하는 과일과 과자 등 쉽게 접하는 재료를 선택하여, 마음 가는 대로 즉흥적인 작품을 만들다 보면 아이들의 진솔한 이야기가 터져 나온다. 아이들이 이야기를 꺼낼 때까지 기다려 주고, 아주 시시콜콜한 이야기도 귀 기울여 주었다.

함께 읽으면 좋은 그림책

『마음 여행』 김유강 글·그림, 오올

『내 마음 ㅅㅅㅎ』 김지영 글·그림, 사계절

『마음 요리』 엄지짱꽁냥소 글·그림, 노란돼지

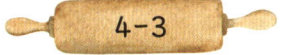

즐거운 소풍에
빠질 수 없지

김 군이 바람 동산에 소풍 가는 도중에 시금치 양, 단무지 씨, 먹보 밥보, 햄 맨, 꼬마 당근, 달걀지단을 만났습니다. 그때 늦잠 자는 꽃들을 깨우기 위해 찾아온 샛바람과 부딪친 김밥 속 재료들…. 언덕 아래로 데굴데굴 돌돌 데굴데굴 돌돌 정신없이 구르다 보니 짜잔! 김밥이 되었답니다.

최지미 글·그림
책읽는곰

이 그림책은 생각만 해도 설레는 소풍에 빠질 수 없는 '김밥'이 주제입니다. 김밥이 만들어지는 과정을 '소풍 가는 길'로 재미있고 유쾌하게 전개하지요. 이 책을 읽으면 아이들도 소풍 가는 기분이 들어, 빨리 김밥 속 재료들을 만나 김밥을 만들어 보고 싶어합니다. 고사리 같은 손으로 김밥을 직접 말아 먹어 보면서, 채소 섭취에 대한 거부감이 줄고 자연스럽게 음식을 골고루 먹게 됩니다.

📖 그림책 펼치기

- 김밥을 먹어 본 경험에 대해 자유롭게 이야기 나눈다.

  <아이들이 주고받은 이야기>

  - 김밥은 맛있어!

  - 나 소풍 갈 때 먹어 봤어!

  - 난 당근이 너무 싫어.

  - 김밥은 동그랗잖아!

- 그림책 앞표지를 보며 이야기 나눠 본다.

  "김밥은 지금 어디로 가고 있을까요?"

  "김밥 재료들을 살펴봐요. 어떤 표정일까요?"

  "왜 이런 표정을 지었을까요?"

- 그림책을 감상하고, 자신의 생각과 느낌을 말한다.

  "어떤 재료들이 나왔나요?"

  "김군과 친구들이 아래로 데굴데굴 굴러갈 때 기분이 어땠을까요?"

  "김밥을 왜 돌돌 말까요?"

  "내가 만약 김밥을 만든다면 어떤 김밥을 만들고 싶나요?"

  "김밥에 어떤 재료를 넣고 싶나요?"

오감이 열리는 읽어 주기 Tip

- 그림책에 나오는 김밥 재료나 주변 배경이 나타내는 색깔을 찾아보면서 읽으면 재미 요소가 다양해진다.

- 김밥 재료들이 소풍 가는 여정을 상황에 따라 감정을 넣거나 목소리에 고저를 두어 실감 나게 들려준다.

고사리 같은 손으로 돌돌 말아요, 꼬마 김밥

'데굴데굴' 구르던 그림책 속 김밥 재료 친구들이 우리 교실에 놀러 왔네요! 꼬마 김밥 속에 넣고 싶은 재료를 골라 '돌돌 돌돌!' 맛있는 김밥을 만들어요.

요리 재료와 도구
- 1/4로 자른 김 5장, 밥 한 공기(맛소금 1/2t, 참기름 1T) 김밥 속 재료(단무지, 달걀지단, 햄, 시금치, 당근, 오이, 어묵 등), 비닐 장갑 2장, 큰 접시

요리 Tip
- 아이들이 좋아하는 재료를 골라 자유롭게 만들어 본다.
- 밥에 소금과 참기름을 넣을 때, 아이들이 직접 촉감을 느낄 수 있도록 밥을 식힌 다음 손으로 섞게 한다.

1 재료를 살펴보며 이름과 색깔을 말한다.

2 김 위에 소금과 참기름을 넣은 밥을 고르게 편다.

3 내가 원하는 김밥 속 재료를 넣는다.

4 김밥을 돌돌 말아 완성한다.

김밥 싸서 소풍 가자

아이들과 펠트지, 종이, 뻥엽, 수수깡 등으로 김밥을 만듭니다. 여러 재료를 사용하여 김밥을 만들어 보면서 재료의 특징과 색깔을 알 수 있습니다. 김밥을 만들어 소풍 놀이를 하면서 음식을 먹는 즐거움과 친구들과 함께하는 기쁨도 느낄 수 있습니다.

놀이 도구   여러 색깔 펠트지(검정 펠트지에 까슬이 붙이기, 김밥 속 재료는 색깔을 골라 얇게 자르기), 뻥엽(지름 1~2cm), 수수깡, 돗자리, 김밥 담을 통이나 바구니, 뚜껑 있는 통, 포일

놀이 즐기기

- 까만 펠트지(김)를 펼친다.
- 여러 색깔의 펠트지, 뻥엽, 수수깡 중 자신이 원하는 재료를 골라 넣는다.
- 재료가 들어간 김을 돌돌 만다. 이때 교사는 아이들이 즐겁게 김밥을 말 수 있도록 적절한 구음을 해 준다.
  (예 : 김밥을 말자! 돌돌 말자! 김밥을 말자! 둘둘 말자!)
- 다 만든 김밥을 뚜껑 있는 통에 담거나 포일로 감싼다.
  "어떤 김밥을 만들었나요?"
  "김밥을 어디에 담으면 좋을까요?"
- 소풍 가고 싶은 장소와 하고 싶은 놀이에 대해 이야기 나눈다.
  "어디로 소풍을 가고 싶나요?"
  "소풍을 가면 어떤 놀이를 하고 싶나요?"
- 아이들이 정한 장소에 돗자리를 깔고 소풍 놀이를 한다.
  "친구들과 소풍을 오니 어떤 느낌이 드나요?"

놀이 풍경

김밥 속 재료를 만들어요.

김밥을 만들어요.

내가 원하는 모양으로 만들 수 있어요!

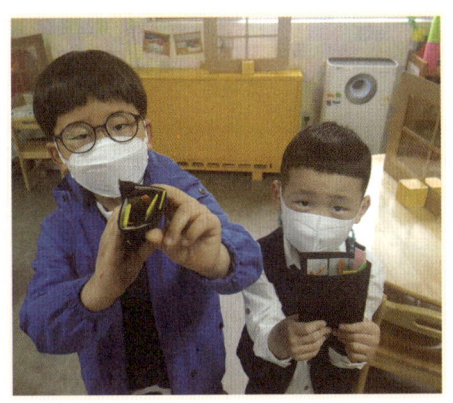

친구들과 함께 소풍 놀이를 해요~

김밥 속 재료 모여라

김밥 속 재료들이 모여서 맛있는 김밥이 되지요! 여러분은 어떤 재료가 되고 싶은가요? 지금부터 김밥 재료가 되어 함께 놀아 볼까요? 친구들과 함께 김밥 속 재료가 되어 놀면서 함께하는 즐거움과 소속감을 느낄 수 있습니다.

놀이 도구 줄, 김밥 속 재료 사진, 김밥 속 재료(단무지, 햄, 시금치, 당근 등) 머리띠, 호루라기(신호 악기), 동요

놀이 즐기기

- 김밥 속 재료를 살펴보며 어떻게 놀이하면 좋을지 이야기 나눈다.
- 바닥에 줄을 동그랗게 놓아 김밥 틀을 만든다.
- 김밥 속 재료 머리띠 중 자신이 원하는 것을 골라 머리에 쓴다.
- 김밥 틀(줄로 만들어진 원)에 동그랗게 선다.
- 음악이 나오면 선을 따라 동그랗게 돈다.
  "친구들과 부딪치지 않게 돌려면 어떻게 해야 할까요?"
- 교사가 호루라기 신호와 함께 김밥 속 재료 사진을 보여 주며 재료 이름을 부른다.
  (예 : 단무지 나와라! 시금치 나와라! 오이 나와라!)
- 교사가 제시한 사진 자료와 같은 김밥 속 재료는 원 안으로 들어간다.
- 모든 재료들이 들어가면 '김밥 완성!'을 외친다.
- 김밥이 완성되면 '여우야, 여우야, 뭐하니?' 전래 동요를 '김밥아, 김밥아, 뭐하니?'로 개사하여 노래를 부르며 놀이한다.
  (예 : '김밥아, 김밥아, 뭐하니?' 노래 부르기)
  김밥아, 김밥아, 뭐하니? 굴러간다!
  김밥아, 김밥아, 뭐하니? 소풍 간다!
  김밥아, 김밥아, 뭐하니? 집에 간다!

놀이 풍경

내가 원하는 재료 머리띠를 골라요.

바닥의 선을 따라 동그랗게 돌아요.

사진이 나오면 원 안으로 들어가요.

우리 반 김밥 완성!

📖 놀이를 마무리하며

『돌돌 말아 김밥』을 준비하면서, 아이들에게 소풍날 아침에 났던 참기름 냄새, 함께 모여 김밥을 나눠 먹었던 친구들이 추억으로 떠오를 수 있도록 즐거운 시간을 선물해 주고 싶었다. 그런 고민을 하며 직접 김밥을 말아 보는 놀이를 하고 소풍을 가는 활동을 마련해 보았다.

처음 『돌돌 말아 김밥』을 소개했을 때, 그림책 속 김밥 재료만큼이나 작고 귀여운 아이들은 그림책 속에서 신나게 놀고, 구르고, 날아가는 김밥 재료들의 모습을 자신의 모습과 동일시하였다. 김밥 재료들을 보며 "아, 귀여워!", "진짜 조그맣다!" 말하며 신기해하였다. 그림책을 읽은 다음 요리를 하자, 평소에 먹지 않던 시금치, 당근 등과 친구가 되어 '데굴데굴, 돌돌' 소리 내어 말하며 신나게 김밥을 말았다.

김밥 말기 놀이를 한 다음 아이들과 함께 소풍을 나갔다. 돗자리, 바구니, 포일에 싼 김밥을 챙겨서 소풍 갈 준비를 할 때의 설렘, 정자에 앉아 도란도란 소풍 놀이를 하던 즐거움, 그림책 속 동산의 풍경처럼 맑았던 날씨, 모든 것이 따뜻하게 기억에 남았다. 시간이 지나 우리 아이들이 이 그림책을 다시 펼쳤을 때, 김밥을 직접 말아서 나갔던 오늘의 소풍이 즐거운 기억으로 떠오르기를 소망해 본다.

함께 읽으면 좋은 그림책

『김밥은 왜 김밥이 되었을까?』 채인선 글, 최은주 그림, 한림출판사
『모두 함께 김밥』 전영옥 글·그림, 리틀씨앤톡

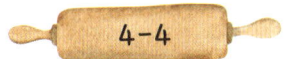

몸으로 만드는 피자

비가 오는 날 심심해하는 아이를 위해 아빠들은 어떤 놀이를 함께 해 줄까요? 『아빠와 피자 놀이』는 아빠와 함께 읽으면 더욱 좋은 그림책입니다. 비 오는 날 밖에 나가지 못하고 집에 있어서 속상해하는 아들 피트를 달래 주기 위해 아빠가 아이와 피자 몸 놀이를 하며 사랑을 꽃피우는 모습을 담은 그림책이거든요. 아빠와 함께 놀며 행복해하는 피터의 표정은 보기만 해도 미소가 지어집니다.

윌리엄 스타이그 글·그림
보림

그림책 속 아빠가 되어, 아이의 몸을 조물조물 반죽하기, 쭉쭉 늘리기, 공중으로 높이 빙빙 돌리기, 피자처럼 쓱싹쓱싹 썰기 같은 재미있는 스킨십 놀이를 따라 해 보세요. 깔깔깔 행복하게 웃는 아이의 모습을 만날 수 있습니다. 소중한 우리 아이와 신체 놀이를 하며 친밀감도 더욱 커집니다.

📖 그림책 펼치기

- 그림책 앞표지를 살펴보고 이야기 나눈다.

  "아이의 표정이 어떤가요?"

  "아이는 왜 웃고 있을까요?"

- 내가 웃을 때는 언제인지 경험을 이야기 나눈다.

  "여러분은 언제 웃나요?"

  - 엄마 아빠랑 같이 놀이할 때요, 선물 받았을 때요.

  "가족과 집에 있을 때는 어떤 놀이를 하나요?"

- 그림책을 읽어 준 다음 이야기 나눈다.

  "아이가 왜 식탁에 누워 있을까요?"

  "아이(아빠)의 표정이 어떤가요?"

  - 슬퍼했어요, 점점 소리 내서 웃어요, 나중에는 행복해졌어요.

  "표정이 바뀌면서 주변 색깔은 어떻게 바뀌었나요?"

  "왜 아이(아빠)의 얼굴이 밝아지고 있나요?"

  "피자 놀이 장면 중에서 가장 기억에 남는 장면은 무엇인가요?"

  "여러분은 비가 오는 날 아빠와 함께 무엇을 하고 싶나요?"

  - 요리하고 싶어요, 블록 놀이하고 싶어요, 게임하고 싶어요.

오감이 열리는 읽어 주기 Tip

- 『아빠와 피자 놀이』는 앞 면지의 색과 뒤 면지의 색이 다르다. 아이와 함께 색이 어떻게 바뀌었는지, 왜 바뀌었을지 이유를 함께 찾아본다.
- 아이와 기쁠 때와 슬플 때 느꼈던 감정과 경험에 대해 이야기한다.

쉽고 맛있게, 알록달록 또띠아 피자

냉장고 속 재료를 가지고 아이와 함께 요리해 봐요! 또띠아에 다양한 재료를 올려서 피자를 만듭니다. 특별한 도구 없이 프라이팬에 열을 가하여 치즈가 녹는 모습을 눈으로 보기만 해도 벌써 맛있어집니다.

요리 재료와 도구

- 또띠아 1장, 치즈 가루 100g, 방울 토마토 3개, 피망, 베이컨(햄) 3줄, 옥수수 콘 2T, 토마토 소스 2T, 플라스틱 칼

요리 Tip

- 또띠아가 없으면 달걀 부침을 두껍게 부쳐 만들어도 맛있다.
- 냉장고 속에 있는 다양한 재료를 활용해도 된다.

1 피자 재료를 준비한다.

2 방울 토마토를 반으로 자르고, 피망과 햄은 얇게 썰어 준다.

3 또띠아에 준비된 재료를 올린다.

4 프라이팬에 중불로 서서히 굽는다. 익어 가는 과정을 관찰한다.

사랑이 담긴 피자 상자

또띠아에 토마토 소스를 바르고 파인애플, 햄, 피망, 옥수수 콘, 치즈 가루를 얹어 프라이팬에 굽거나 전자레인지에 돌려 가족과 함께 먹는 피자는 꿀맛입니다. 피자를 만들어 즐겁게 나눠 먹으면서 가족들의 사랑도 샘솟지요. 가족들에게 선물할 것을 생각하며 피자 상자를 다양하게 꾸며 봅니다.

놀이 도구   피자 상자, 다양한 토핑 그림, 가위, 색연필, 사인펜, 풀, 도화지

놀이 즐기기

- 피자 상자를 어떻게 꾸밀지 이야기 나눈다.

  "피자 상자를 어떤 재료를 이용해 꾸미고 싶나요?"

  "피자 이름을 어떻게 짓고 싶나요?"

  "피자 상자에 무엇을 그리고 싶나요?"

- 피자 상자에 붙일 그림을 도화지에 그린 다음 가위로 오려 상자에 붙인다.
- 피자 업체와 피자 이름을 상자에 사인펜으로 쓴다.
- 부모님께 감사한 마음을 편지로 써서 피자 상자 안에 넣는다.
- 자신이 만든 피자 상자를 친구들에게 소개한다.
- 직접 만든 피자를 포장하고, 누구와 함께 먹고 싶은지 이야기 나눈다.

  – 엄마 아빠랑 먹을 거예요, 난 혼자 먹을래요, 할머니께 선물로 드릴래요.

오감을 깨우는 놀이 Tip

- 집에 가저간 피자가 상하지 않도록 빨리 먹도록 안내한다.
- 종이나 가위에 손이 베일 수 있으니 안전에 유의한다.
- 글자를 모르는 아이들은 그림 편지를 쓴다.

놀이 풍경

피자 상자를 어떻게 꾸미지?

난 사랑이 담긴 피자야!

와~ 가족이랑 함께 먹어야지!

맛있는 피자 배달 갑니다!

늘리고, 문지르고, 구워요! 피자 놀이

아빠와 함께 신체 놀이로 피자 만들기를 합니다. 아이의 몸이 피자 반죽이 되고 아빠가 아이의 온몸을 조물조물 주무르고 쭉쭉 늘려 줍니다. 아이들은 아빠와 자연스럽게 신체 접촉을 하며 강한 애착이 형성됩니다. 이렇게 형성된 애착은 사회성 발달과 정서 안정에 중요한 역할을 하지요. 아빠와 피자 놀이로 재미있는 시간을 나누어 보세요.

놀이 도구   토핑(다양한 놀잇감), 책상이나 식탁, 텐트나 소파

놀이 즐기기

- 어떻게 피자 놀이를 할지 이야기 나눈다.
- 셰프(아빠), 스태프(엄마), 피자 반죽(아이) 역할을 정한다.
- 정한 방법으로 피자 놀이를 한다.

  (놀이 예)

  - 반죽하기 : 아이와 눈을 맞추며 다정하고 사랑스럽게 온몸을 마사지한다.
  - 반죽 펼치기 : 아이의 몸을 쭉쭉 늘리고, 뱅글뱅글 돌린다.
  - 토핑하기 : 주변의 다양한 장난감이나 소꿉놀이 재료로 토핑을 한다.
  - 오븐에 굽기 : 오븐으로 정한 장소(소파나 유아용 텐트 등) 위에 아이를 눕힌 다음, '5, 4, 3, 2, 1 땡!' 하고 다 같이 신호음을 낸다.
  - 피자 조각내기 : 몸 위에 손바닥을 세워 피자 조각을 내는 것처럼 움직인다. 간지럽히기, 비비기, 문지르기, 콕콕 찌르기 등을 할 수 있다.

> **오감을 깨우는 놀이 Tip**
> - 아이와 따뜻하게 눈 맞추고 조물조물, 쭈욱쭈욱 소리를 내며 한다.
> - 토핑은 아이와 함께 색종이나 클레이로 만들어 준비한다.

놀이 풍경

조물조물 반죽하자!

쭉쭉~ 반죽을 펼쳐요.

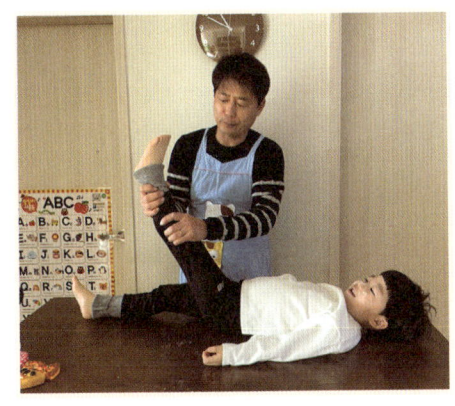

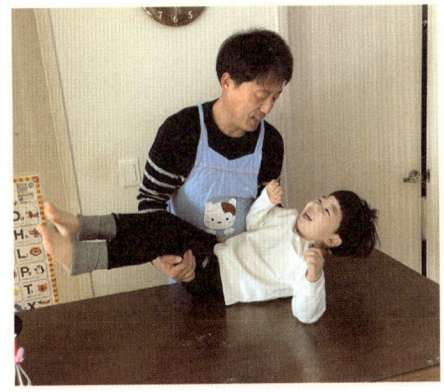

음~ 무엇으로 토핑할까?

오븐에 굽자.
5, 4, 3, 2, 1, 띵!

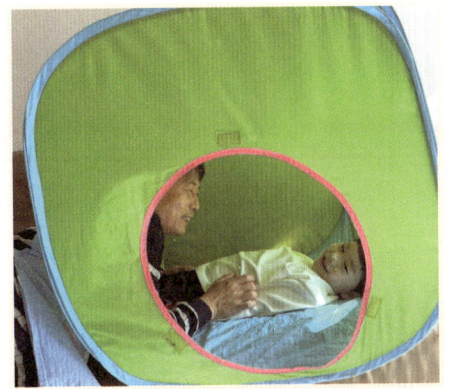

📖 놀이를 마무리하며

『아빠와 피자 놀이』는 가족 간에 친밀감을 높이고 몸 놀이를 통해 애착을 형성할 수 있도록 도움을 주는 그림책이다. 특별히 가정의 달 5월에 가족 참여 수업으로 『아빠와 피자 놀이』 그림책을 준비하여 놀이해 보았다.

수업 도입부에 신나는 동요 음악에 맞춰 유아용 로션으로 사랑의 마사지를 하니 즐거운 웃음소리가 끊이지 않았다. 음악에 맞춰 아이의 몸을 간질간질 만져 주기, "사랑해" 하며 속삭여 주기 등 다양한 스킨십으로 사랑을 나누는 가족들의 얼굴에 행복이 가득했다. 부모, 조손 가정의 아이들도 있어서, 아빠 대신 가족 참여라는 말을 사용하니 모두가 불편함 없이 즐겁게 활동할 수 있었다.

피자를 만들기 위해 냉장고 속에 있는 다양한 재료들을 찾아보면서 아이들은 식재료에 관심을 가졌다. 또 피자를 구우면서 날것과 익은 것, 차가운 것과 뜨거운 것, 큰 것과 작은 것 등의 개념도 알게 되었다.

맛있는 피자를 만드는 요리 활동도 재미있어했지만, 아이들은 피자 상자를 다양하게 꾸미는 활동을 할 때 더 설레는 모습을 보였다. 함께 피자를 먹을 가족을 생각하며 '어떻게 하면 피자의 집을 멋있게 꾸밀까' 고민하였다. 직접 꾸미고 디자인한 상자 안에 피자를 넣어 집에 가져가 가족들과 함께 먹을 생각에 모두 마음이 바빠 보였다.

아이가 행복한 모습을 보면 부모도 행복하다. 아이의 웃음이 곧 부모의 행복이 되기 때문이다. 수시로 아이들과 즐거운 몸 놀이를 해보기를 부모들에게 권하고 싶다. 부모의 다정한 몸짓과 따뜻한 스킨십은 아이들의 정서를 키우는 배양토가 되어, 아이들을 긍정적이고 따뜻한 어른으로 성장시킬 것이다.

함께 읽으면 좋은 그림책

『짜장면 나왔습니다!』 이경미 글·그림, 노란상상

『엄마 자판기』 조경희 글·그림, 노란돼지

『아빠 자판기』 조경희 글·그림, 노란돼지

응원하고
축하하며

오븐에서 뛰쳐나온 둥글고 큰 빵이 케이크가 되고 싶다고 하자, 지니와 비니는 빵의 꿈을 이뤄 주기 위해 예쁘고 맛있는 케이크를 만듭니다. 케이크가 되고 싶은 꿈을 이룬 빵은 딸기, 초콜릿 등 많은 친구들과 케이크 파티를 열고 더 큰 꿈과 행복을 다른 이에게 나누어 줍니다.

이소을 글·그림
상상박스

자신의 생일이 언제인지 매일 물어보며 자신만의 특별한 존재감을 뽐내고 싶은 아이들! 아이들과 함께 케이크를 직접 만들고, 다양한 재료를 활용하여 친구들과 함께 케이크를 꾸며 봅니다. 미래에 꿈을 이룬 친구와 나에게 응원과 축하해 주기 등 『케이크 파티』와 관련된 다양한 활동을 하며, 자신의 특별함과 소중함을 더 느낄 수 있습니다.

📖 그림책 펼치기

- 그림책 표지를 살펴보며 책 내용을 상상해 본다.

  (앞표지를 가리키며) "케이크를 살펴볼까요?"

  "케이크는 어떤 표정을 하고 있나요?"

  "케이크가 무슨 말을 하는 것 같나요?"

  "케이크를 보니 어떤 느낌이 드나요?"

  "케이크를 언제 먹어 보았나요?"

  (뒤표지를 살펴보며) "앞표지와 무엇이 다른가요?"

- 그림책을 감상한 다음 이야기 나눈다.

  "누가 나왔나요?"

  "빵의 꿈은 무엇인가요?"

  "여러분의 꿈(소원)은 무엇인가요?"

  "냉장고 문을 열었을 때 누가 케이크가 되어 달라고 말을 했나요?"

  "케이크는 어떻게 파티를 하게 되었나요?"

  "지니와 비니가 케이크를 완성하는 모습을 보니 어떤 느낌이 들었나요?"

- 그림책으로 어떤 놀이를 하고 싶은지 이야기 나눈다.

오감이 열리는 읽어 주기 Tip

- 냉장고에 있는 재료들이 케이크가 되어 가는 과정에서 말하는 대화 장면을 아이들과 함께 실감 나게 표현해 본다.

나에게 보내는 응원, 나만의 특별한 미니 케이크

슈퍼에서 흔히 접하는 미니 카스텔라와 과자 등을 이용하여 자신만의 미니 케이크를 만들어 봅니다. 쉽고 간단하지만, 자신에게 큰 의미를 부여할 수 있는 멋진 케이크가 탄생합니다.

요리 재료와 도구
- 미니 카스텔라 1개, 생크림 5T, 과자, 젤리, 사탕, 프르츠칵테일, 플라스틱 칼

요리 Tip
- 아이들의 선호도에 따라 요리 재료와 순서는 자유롭게 변형이 가능하다.
- 막대 사탕으로 장난치지 않도록 안내한다.

1 미니 케이크 만들기에 필요한 재료를 준비한다.

2 미니 카스텔라에 플라스틱 칼을 이용하여 생크림을 펴 바른다.

3 프르츠칵테일, 젤리, 과자 등을 아이들의 선호에 따라 카스텔라 위에 자유롭게 올린다.

4 막대 사탕, 막대 과자 등 아이들이 원하는 재료를 꽂는다.

오늘은 내가 케이크 주인공

그림책에서 지니와 비니가 오븐에서 나온 빵과 냉장고에서 뛰쳐나오는 다양한 재료를 이용해 케이크를 만듭니다. 이 장면을 떠올리며 주변에서 보이는 다양한 재료와 도구로 케이크를 만들어 봅니다. 모둠 친구들과 협력하여 케이크를 만들어 보는 과정을 통해 협동심과 창의성이 커집니다.

놀이 도구   백설기, 점토, 비즈, 블록 등 다양한 재료

놀이 즐기기

- 그림책에 나오는 빵에 대해 이야기 나눈다.
  "빵의 꿈은 무엇이었나요?"
  "빵의 소원을 어떻게 들어줄 수 있을까요?"
- 교실에 있는 재료를 활용하여 케이크 만드는 방법을 친구들과 이야기 나눈다.
  "우리 교실에서는 누가 케이크로 만들어 달라고 속삭이고 있는지 귀 기울여 볼까요?"
  "어떻게 하면 교실에 보이는 재료가 케이크로 변신할 수 있을까요?"
- 모둠을 나누고 다양한 재료와 도구를 활용하여 케이크를 만들어 본다.
- 케이크를 만든 친구들이 모여 한 명씩 돌아가며 노래를 부르며 축하 파티를 한다.
- 케이크를 만들어 축하 놀이를 해본 느낌에 대해 서로 이야기를 나눈다.

오감을 깨우는 놀이 Tip

- 아이들이 다양한 재료를 활용하여 만들고 꾸밀 수 있도록 지원한다.
- 모둠별로 활동하므로 서로의 생각을 인정하고 존중하며 진행할 수 있도록 도와준다.

놀이 풍경

점토와 비즈로 케이크를 만들어 보자!
대추나무를 그려 보자!

바다 향기 가득 3단 케이크!

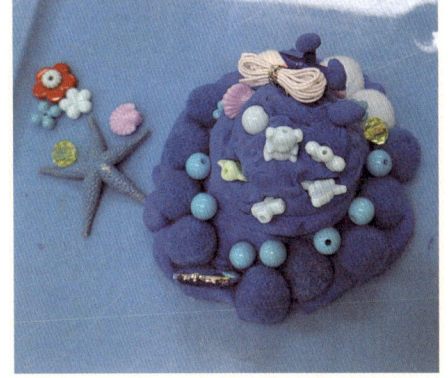

케이크 탑 완성!

백설기 떡으로 만든
눈사람 케이크~

미래의 나에게 축하 파티를!

그림책 속 빵은 케이크가 되는 것이 꿈입니다. 빵이 꿈을 이룬 것처럼 아이들과 자신의 꿈에 대해 이야기를 나누어 본 다음, 파티에서 빼놓을 수 없는 케이크로 축하 파티를 해 보는 건 어떨까요? 타임머신을 타고 자신의 미래 모습을 상상해 봅니다. 무엇을 하고 있는지, 누구를 만나고 있는지, 얼굴 표정, 감정, 상황 등을 구체적으로 상상할수록 꿈이 이루어지는 좋은 미래를 만날 가능성이 높아집니다. 꿈을 이룬 미래의 나에게 축하 파티를 열어 줄까요?

놀이 도구   축하용 종이 모자(나의 꿈 적기), 도화지, 필기도구, 풀, 가위, 선물(1,000원 이하, 가정에서 준비해서 가져오기), 원아 명부, 숫자 종이(반 인원 수만큼), 비밀 주머니

놀이 즐기기

- 자신의 꿈에 대해 이야기 나눈다.
  "여러분은 어른이 되면 어떤 일을 하고 싶나요?"
- 미래의 내 모습을 상상해 보고 이야기 나눈다.
- 미래의 내 모습을 그림이나 글로 도화지에 표현한 다음 오려서 종이 모자에 붙인다.
- 친구에게 주고 싶은 선물 1가지를 가져온다. 선물은 가정에 미리 안내하여, 1,000원 이하로 준비해 오도록 한다.
- 가져온 선물에 원아 명부에 있는 숫자 번호를 써서 붙인다.
- 선물을 번호 순서대로 전시한다.
- 숫자 종이를 비밀 주머니에 넣는다.
- 축하 주인공을 1번부터 초대하여 축하 인사말을 한다.
- 축하 주인공이 비밀 주머니에서 종이를 뽑아 숫자를 확인한다.
- 숫자에 적힌 친구가 나와서 주인공에게 선물을 주며 축하 인사를 건넨다.
  - ㅇㅇ야, 멋진 간호사가 된 것을 축하해!

놀이 풍경

미래에 나는 무엇을 하고 있을까?

나는 의사가 되어 환자를 치료해요.

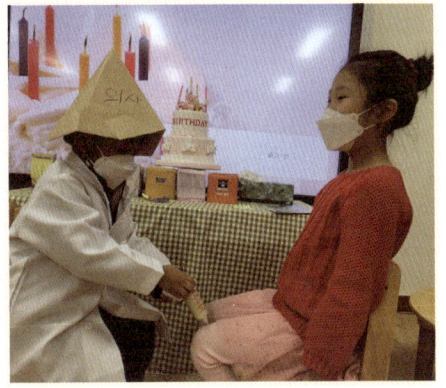

어떤 선물을 받게 될까?

요리사가 된 걸 축하해!
널 위한 선물이야.

📖 놀이를 마무리하며

지니와 비니가 오븐에서 나온 빵의 꿈을 이루어 주기 위해 냉장고의 재료를 가지고 케이크를 만든 것처럼, 아이들도 교실에 보이는 재료들을 보며 "파란색 점토로 바다 케이크를 만들어 보자", "소라랑 불가사리 비즈를 붙여 보자"고 하였다. 아이들은 점토, 간식으로 나온 떡, 블록, 종이컵, 색종이 등 다양한 재료와 장난감을 활용하여 케이크를 만들었다.

자신만의 미니 케이크를 만들 때는 "난 초코 과자로 테두리를 두를 거야", "막대 사탕을 한 개만 꽂아 볼까?" 친구들과 서로 이야기하며 정성스럽게 완성하였다. 좋아하는 과자, 미니 카스텔라 빵, 생크림을 이용하여 작은 케이크를 직접 만들어 먹으니 기분이 좋았는지, 아이들이 "선생님, 너무 재미있고 맛있어요. 또 먹고 싶어요", "네 케이크는 사탕이 두 개 들었네, 멋지다. 나는 해바라기 씨앗으로 테두리를 만들었는데" 말하며 행복하게 웃었다.

빵의 꿈이 케이크인 것처럼 아이들은 곤충 박사, 간호사, 가수 등이 되고 싶다며 자신들의 다양한 꿈에 대해 이야기하였다. 자신의 꿈을 구체적으로 그려 보고 미래의 나에게 편지를 쓸 때 아이들은 "저는 멋진 야구 선수가 될 거예요", "하고 싶은 게 너무 많아서 여기 다 적기가 힘들어요" 하며 자신의 꿈에 대해 생각해 보았다.

모두가 함께하는 축하 파티에서는 선물을 주고받는 것이 즐거운지, "나는 ○○에서 1,000원 주고 샀어", "내가 가져온 선물이 누구에게 갈지 궁금해", "나는 10번 선물을 받고 싶어" 하며 친구들과 선물에 대한 이야기를 많이 나누었다. 케이크와 선물과 축하가 있는 시간은 항상 흥겹고 즐겁다. 우리 아이들에게 축하할 이야기들이 항상 넘치기를 바랐다.

함께 읽으면 좋은 그림책

『아기 토끼의 생일 파티』 박현종 글, 조원희 그림, 종이종

『루비의 소원』 S.Y. 브리지스 글, S. 블랙올 그림, 비룡소

『노래하는 볼돼지』 김영진 글·그림, 길벗어린이

탄생의 기쁨을
함께 나누는 마음

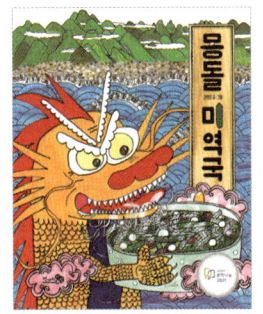

미역국은 탄생을 상징하는 우리나라의 대표적인 음식입니다. 그런데 왜 생일날 미역국을 먹기 시작했을까요? 작가의 기발한 상상력이 돋보이는 『몽돌 미역국』은 옛 문헌에 나온 미역국의 유래와 '돌멩이 국'의 이야기 구성을 차용하여 만든 옛이야기 형식의 그림책입니다.

옛날에 딸을 무척 사랑하는 용이 아기가 생겨 아무것도 먹지 못하는 딸을 위해서 미역국이 좋다는 얘기를 듣고 마을로 내려갑니다. 가뭄이 들어 쌀 한 톨 내어 주지 않던 사람들이 참기름, 소고기, 마늘, 간장, 들깻가루, 떡 반죽을 내어 주어, 고소하고 맛있는 몽돌 미역국을 끓여 함께 나누어 먹습니다. 미역국에 얽힌 유쾌하고 정감 넘치는 이야기와 놀이를 통해 미역국 한 그릇에 담긴 딸을 사랑하는 부모의 마음과 함께 나누는 이웃의 따뜻한 정을 듬뿍 느낄 수 있습니다.

권민조 글·그림
천개의바람

📖 그림책 펼치기

- 앞표지의 제목에서 '몽돌'이라는 낱말을 종이로 가리고 상상해 본다.

    "용이 손에 들고 있는 건 뭘까요?"

    "미역국에 어떤 재료가 들어 있는지 살펴볼까요?"

    "제목이 ○○ 미역국인데 무슨 미역국일까요?"

    "그림책을 다 읽고 나서 우리가 어떤 제목을 지어 주면 좋을까요?"

- 그림책을 감상한 뒤, 자유롭게 생각과 느낌을 나눈다.

    "미역국에 들어간 재료는 무엇이었나요?"

    "미역국에 왜 몽돌을 넣었을까요?"

    "몽돌 미역국은 어떤 맛일까요?"

    "미역국은 왜 엄마 거라고 했을까요?"

    "부모님께 드릴 미역국에 넣고 싶은 재료는 무엇인가요?"

    "종이로 가린 제목 ○○ 미역국 앞에 어떤 말이 들어가면 좋을까요?"

    – 용의 사랑 미역국, 짬뽕 미역국, 돌멩이 미역국, 최고 맛나 미역국.

오감이 열리는 읽어 주기 Tip

- 옛이야기 입말체로 다양한 등장인물의 특징과 상황을 잘 살려서 읽어 준다. 특히 마을 사람들의 대화체는 감정 이입이 중요하다. 처음에는 못마땅했던 감정이 놀람으로, 따뜻한 마음으로 바뀌는데, 그에 어울리는 표정과 말투로 읽어 준다.
- 딸을 사랑하는 용의 감정을 잘 담아 소리의 고저, 강약, 속도를 조절하며 읽으면 훨씬 재미있다. 특히 굵고 큼지막한 용의 혼잣말은 이야기를 이끌어 가는 중요한 요소로, 천천히 강조하면서 읽어 주면 전달이 잘 된다.

    (예 : 참기름만 있다면 양반집 밥상에 오르는 맛있는 음식이 될 텐데…)

미역국 대신, 오돌오돌 미역 국수

미끌미끌 미역국을 싫어하면 오돌오돌 미역 국수로 건강한 한 끼를 만나 보면 어떨까요? 재료의 식감이 달라진 것을 경험하며 미역을 더욱 친숙하게 여길 수 있습니다.

요리 재료와 도구

- 미역 국수 300g, 냉면 육수 300g, 어린잎 채소 1팩, 메추리 알 1개, 닭 가슴살 100g, 홍파프리카 1/4쪽

요리 Tip

- 육수는 취향에 따라 겨자나 식초를 넣어서 먹는다.
- 비빔 소스를 이용하여 비빔 미역 국수로도 요리가 가능하다.

1 흐르는 물에 미역 국수를 헹군다.

2 홍파프리카는 씨를 제거한 뒤 채 썬다.

3 닭 가슴살은 삶아서 잘게 찢어 준비하고, 메추리알은 반으로 자른다.

4 준비된 재료를 이용해서 꾸미고 육수를 붓는다.

4부 / 특별한 날의 초대

미끌미끌 미역아 놀자

거칠거칠한 마른미역과 물에 불린 부드러운 감촉의 미역은 아이들의 오감을 깨우기에 충분합니다. 마른미역에 물을 붓고 변화되는 현상을 관찰하며 탐구 능력이 커지고, 다양한 감각을 활용하는 놀이를 하며 창의성이 자랍니다.

놀이 도구 마른미역 한 줌, 생수, 큰 그릇, 가위, 밀대, 종이 접시

놀이 즐기기

- 마른미역의 색, 모양, 냄새, 맛, 촉감을 탐색한다.
  "미역을 손으로 살살 비벼 보니 어떤가요?"
  - 바다 냄새 나요, 바늘 같아요, 주사기처럼 아파요.
  "미역을 밀대로 밀어 볼까요?"
  - 바스락 소리가 나요, 부서져요.
- 마른미역에 물을 붓고 변화되는 과정을 관찰해 본다.
  "미역에 물을 부으면 어떻게 변할까요? 미역이 어떻게 되었나요?"
- 젖은 미역을 이용하여 할 수 있는 놀이를 생각해 본다.
  - 친구랑 줄다리기해요, 쭈욱 찢어요, 얼굴에 붙여요, 팔찌 해요.
- 젖은 미역으로 사랑하는 부모님 얼굴을 어떻게 꾸밀 수 있을지 이야기 나눈다.
- 도화지 위에 물기를 짠 미역으로 얼굴을 재미있게 꾸미고 작품을 소개한다.

오감을 깨우는 놀이 Tip

- 미역이 미끄러우니 넘어지지 않도록 주의한다.
- 큰 비닐을 깔고 바다 동물 피규어와 미역으로 바닷속 꾸미기 활동을 할 수 있다.
- 조개껍질이나 다양한 스티커를 준비하여 얼굴 꾸미기를 다채롭게 할 수 있다.

> **놀이 풍경**

누가 누가 더 길까?

와! 물과 만나면 미끌미끌해.

미역 줄다리기
영차 영차!

미역 머리 우리 엄마,
사랑해요!

함께 기억해! 몽돌 미역국 카드

몽돌 미역국은 마을 사람들이 가져온 재료로 세상에 둘도 없는 맛있는 미역국이 되었습니다. 맛있는 미역국을 완성하기 위해 모두 함께 머리를 맞대고 기억을 더듬어 보세요. 혼자는 어렵지만 서로 도와주면서 함께 하면 무척 즐겁답니다.

놀이 도구   글자 카드 10장(몽돌 미역국 엄마 거란다), 재료 카드 8쌍(미역, 몽돌, 참기름, 마늘, 소고기, 들깻가루, 떡 반죽, 참기름), 가마솥 놀이판 1개

놀이 즐기기

- 가마솥 놀이판을 펼친 다음, 재료 카드와 글자 카드를 살펴보며 이야기 나눈다.
  "재료 카드에 있는 그림은 몽돌 미역국에 들어간 어떤 재료일까요?"
  "글자 카드를 읽어 보며 순서에 맞게 글자를 배열해 볼까요?"

  (놀이 방법 예)
  - 재료 카드와 글자 카드를 뒤집어 섞어 놓는다.
  - 순서를 정한다.
  - 카드 2장을 뒤집어서 같은 재료가 나오면 가마솥 위에 카드를 올려놓는다.
  - 다른 카드가 나오면 제자리에 다시 뒤집어 놓는다.
  - 같은 그림이 있는 곳을 기억한 친구들의 도움을 받기도 한다.
  - 글자 카드가 나오면 가마솥 밑 네모 칸 영역에 올려놓는다.
  - 재료 카드를 가마솥 위에 모두 올려놓으면 "몽돌 미역국 엄마 거란다!"를 외친다.

> **오감을 깨우는 놀이 Tip**
> - 글자 카드 10장이 모두 나오기 전에 재료 카드 16장의 같은 그림이 나와야 한다는 규칙을 정하면 긴장감을 줄 수 있어서 훨씬 흥미롭다.

놀이 풍경

미역국에 맛있는 재료가 듬뿍 들어가네!

하나는 글자가 나왔어!

내가 알려줄게, 여기 미역 있어.

야호! 우리가 힘을 모아 다 찾았어!

놀이를 마무리하며

생일날 어김없이 밥상에 오르던 미역국의 유래를 재미있는 그림책으로 만나니, 아이들의 눈망울이 초롱초롱 호기심으로 가득 찼다. 생일 선물 자랑부터 엄마가 끓여 준 소고기 미역국이 제일 맛있다며 종알종알 쏟아 내는 아이들의 행복한 대화가 쉽게 끝나지 않았다.

호기심과 상상력이 꿈틀거리는 아이들에게 미역은 오감 놀이를 하기에 최고의 재료다. 먹기만 했던 미역을 냄새 맡고, 손으로 만지고, 가위로 자르고, 밀대로 밀거나 빻으며 다양한 탐색 놀이를 하니, 오랜 시간 집중하며 신나게 놀았다. 미끌미끌한 미역의 촉감을 거부하며 싫어하는 아이도 있었는데, 강요하지 않고 재미있게 놀 수 있는 다른 놀이(예 : 줄에 널어 보는 협동 놀이)로 참여하도록 격려해 주었다. 그랬더니 처음에 만지기를 거부했던 아이도 시간이 흐를수록 친구들과 함께 미역을 만지며 놀이에 참여하는 모습을 보였다.

젖은 미역으로 엄마의 얼굴을 꾸밀 때는 미역을 손으로 찢기, 가위로 자르기, 돌돌 말기, 쭉쭉 펴기 등 다양한 시도를 하였다. 아이들은 미역의 크기나 형태에 따라 얼굴 표정과 분위기가 많이 달라지는 걸 보며 무척 즐거워하였다. 미역으로 꾸민 엄마의 얼굴이 작품마다 제각각 달라서 미소가 지어졌다.

'함께 기억해! 몽돌 미역국 카드' 놀이를 하며 아이들이 조금 투덕거리기도 했는데, 작은 다툼 속에서 양보와 협동을 배울 수 있었다. 카드 놀이의 규칙을 의논해서 새롭게 만들거나, 내가 넣고 싶은 재료를 그림으로 그려 카드를 추가하도록 하면 아이들의 자발적 참여와 흥미를 높일 수 있다.

함께 읽으면 좋은 그림책

『세상에서 가장 귀한』 이수연 글, 박미연 그림, 플롯시티

『돌멩이 국』 존 무스 글·그림, 달리

『애기 해녀 옥랑이 미역 따러 독도 가요!』 허영선 글, 김금숙 그림, 파란자전거

김장하는 날

선조들의 지혜가 담겨 있는 영양 만점 김치는 세계적으로 주목받는 자랑스러운 우리 음식입니다. 그림책은 개성 넘치는 다섯 김치들이 나와, 김치를 만드는 과정과 예부터 이어 온 우리 문화인 김장 풍경을 생생하게 보여 줍니다. 서로 자기가 최고라고 뽐내며 다투다가 묵은지 할머니를 통해 김치마다 고유의 맛과 모양이 있음을 알고, 사이좋게 손을 잡고 새콤달콤 맛있는 건강 김치로 익어 갑니다. 이야기를 재미있게 읽으며 아이들은 김치에 좀 더 친근하게 다가갑니다.

김난지 글, 최나미 그림
천개의바람

배추김치, 깍두기, 총각김치, 파김치, 동치미의 모양과 특징을 살려 즐겁게 전래 놀이를 하다 보면 어느새 김치와 친해집니다. 김장철을 맞아 고사리 같은 손으로 절인 배추에 다양한 양념 재료를 자르고 사이사이 넣어 백김치를 담가 보았습니다. 아이들은 김치가 여러 과정을 거쳐 완성되는 정성 가득한 음식이라는 걸 알게 됩니다.

📖 그림책 펼치기

- 앞표지의 제목 중 '최고야' 단어를 종이로 가리고, 이야기 나눈다.

  "어떤 김치들이 있나요? 여러분은 어떤 김치를 좋아하나요?"

  "김치들이 함께 손을 잡고 무엇을 하고 있나요?"

- 교사는 아주머니 역할을 위해 머릿수건과 앞치마를 두른다.

  "오늘은 김치 재료가 되는 배추, 무, 파가 있는 밭으로 가 보려고 해요. 여러분은 밭에 있는 채소 역할을 하고, 선생님은 그림책에 나오는 아주머니 역할을 할게요."

- 교사가 채소를 살피는 아주머니 역할을 재미있게 하여, 채소에 대한 친밀감을 높인다.

  "아이쿠, 날씨가 추워져서 김장을 해야 되는데 채소들이 잘 자랐는지 어디 한번 볼까? ○○ 배추(아이 이름을 넣어)는 오동포동 튼튼하구나. ○○ 총각무도 토실토실 맛있게 생겼네. ○○는 무슨 채소니? 어, 길쭉길쭉 파로구나! 모두 잘 자랐으니 김장 김치를 담가야겠군. 나를 도와줄 수 있겠니?"

- 아이들과 김장을 해본 경험과 김치에 대해 이야기 나눈다.
- 그림책을 감상한 다음 함께 이야기 나눈다.

  "제목 '김치가' 다음에 어떤 말을 넣어 주면 좋을까요?" (종이로 가린 제목을 보여 준다.)

  "김치들에게 어떤 일이 일어났나요? 묵은지 할머니는 무슨 말을 했나요?"

  "김치들은 항아리에서 쿨쿨 잠을 자며 어떤 생각을 할까요?"

오감이 열리는 읽어 주기 Tip

- 김치에 대한 정보가 나오는 장면을 종이로 가리고, 수수께끼 문답 형태로 질문하여 알아맞히면 종이를 열어 김치를 보여 준다.

  (예 : 깍둑 썬 무를 양념과 버물버물, 무슨 김치? ○○○ 김치! 양념과 배추를 조물조물, 무슨 김치? ○○ 김치!)

- 김치들이 손을 잡고 춤을 추는 장면에서는 '강강술래' 음에 맞춰 노래를 부르며 읽어 준다.

정성을 가득 담아, 아삭아삭 백김치

인스턴트 음식에 익숙한 요즘은 김치를 안 먹는다고 거부하는 아이들이 많지요. 맵지 않고 짜지 않은 새콤달콤한 백김치로 아이들의 입맛을 바꿔 주면 어떨까요?

요리 재료와 도구

- 절임 배추 1/4쪽, 쪽파 8쪽, 홍갓 8잎, 무 1/5쪽, 배·사과·양파·당근 반 개씩, 마늘 4쪽, 홍고추 1개, 소금 1T, 사이다 250ml, 물 500ml, 플라스틱 칼, 위생 장갑, 그릇, 도마

요리 Tip

- 배추는 절임 배추를 이용하면 간편하다.
- 사이다를 넣으면 빨리 숙성되고 달콤하다.

1 채소는 10cm 길이로 잘라 섞는다.

2 배추 사이사이에 자른 채소를 넣는다.

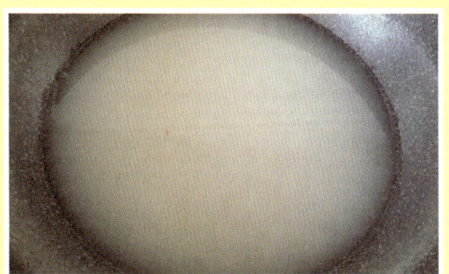

3 찹쌀풀은 미리 식히고 마늘, 배, 사과, 양파를 갈아 채에 걸러 준비한다.

4 양념을 부어 1~2일 상온에서 익히고, 일주일 냉장 숙성한 다음 먹는다.

'김치야 놀아라'에 맞춰 어깨춤을

김치의 모습을 신체로 표현하며 몸 놀이를 해봅니다. 맛있는 김치들이 나와서 '덩덩 궁따궁따' 자진모리 장단에 맞춰 '남생아 놀아라' 전래 동요를 변형한 재미있는 노래를 배우고 춤도 춥니다.

놀이 도구   김치(배추김치, 동치미, 총각김치, 파김치, 깍두기) 스티커

'김치야 놀아라' 노래 듣기

놀이 즐기기

- 동그랗게 서서 좋아하는 김치 스티커를 찾아 가슴에 붙인다.
- 교사가 묵은지 할머니 역할을 한다. 이후 놀이에 익숙해지면 아이들이 돌아가면서 진행한다.
- '덩덩 궁따궁따' 자진모리 장단에 맞춰 '남생아 놀아라' 노래를 반복해서 불러 본다.
- '남생아 놀아라' 부분을 '김치야 놀아라'로 변형해서 부른다.
- 다 같이 어깨춤을 추며 "김치야 놀아라, 촐래촐래 잘 논다" 하며 안으로 들어갔다가, "김치야 놀아라, 촐래촐래 잘 논다" 하며 밖으로 나온다. 노래가 끝날 때까지 안으로 들어갔다 밖으로 나오기를 반복하고 자리에 앉는다.
- 이때 교사(묵은지 할머니)가 "깍두기는 나와라, 촐래촐래 잘 논다" 노래한다.
- 깍두기들은 깍두기 모습으로 안으로 들어가면서 "깍두기 나왔다, 촐래촐래 잘 논다" 노래한다.
- 교사(묵은지 할머니)가 "깍두기는 춤춰라, 촐래촐래 잘 논다" 하며 춤을 요구한다.
- 깍두기들은 "깍두기는 춤춘다, 촐래촐래 잘 논다" 노래 부르며 김치의 맛과 모양, 특성 등을 생각하며 춤을 춘다.
- 이때 교사(묵은지 할머니)가 "깍두기는 들어가라, 촐래촐래 잘 논다" 하면, 깍두기들은 "깍두기는 들어간다, 촐래촐래 잘 논다" 노래 부르면서 들어간다.
- 교사(묵은지 할머니)가 돌아가면서 불러내고, 김치들은 흥겹게 나와 노래하며 춤춘다.

놀이 풍경

김치들은 어떻게 춤추며 놀까?

김치야, 놀아라.
출래출래 잘 논다.

(다같이)	김치야 놀아라. 출래출래 잘 논다.
	김치야 놀아라. 출래출래 잘 논다.
(메기기)	○○○ 나와라. 출래출래 잘 논다.
(받기)	○○○ 나왔다. 출래출래 잘 논다.
(메기기)	○○○ 춤춰라. 출래출래 잘 논다.
(받기)	○○○ 춤춘다. 출래출래 잘 논다.
(메기기)	○○○ 들어가라. 출래출래 잘 논다.
(받기)	○○○ 들어간다. 출래출래 잘 논다.

깍두기야, 나와라.
출래출래 잘 논다.

배추김치 춤춘다.
출래출래 잘 논다.

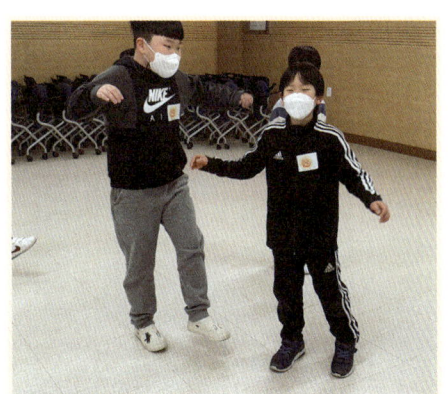

4부 / 특별한 날의 초대

하나! 둘! 셋! 넷! 김치 이름 대기

배추김치, 깍두기, 동치미, 파김치, 총각김치, 각각 모양과 맛은 다르지만, 모두가 김치입니다. 모든 김치가 모양과 색과 맛이 다르듯이 우리 아이들도 각자의 모습이 다름을 알고 서로 인정해 주어야 함을 알게 됩니다. 각자 알고 있는 김치가 무엇인지 이야기한 다음, 동그랗게 앉아서 팀별로 김치 이름 대기 놀이를 시작해 볼까요?

놀이 도구   미션 바구니

'김치 이름 대기' 놀이

놀이 즐기기

- 내가 알고 있는 김치 이름을 이야기해 본다.
- '교사 대 아이'로 김치 이름 대기 놀이를 해본다.
- 놀이를 이해하면 팀을 나누어 앉고, 팀 이름을 의논하여 정한다.
- 팀마다 김치 동작을 어떻게 표현할지 서로 이야기한다.
- 틀렸을 때 어떤 미션을 수행할지 아이들과 함께 정한다. 이때, 수치심을 일으키는 미션은 적지 않도록 안내한다.
- 김치 이름 대기 놀이를 연습해 본 다음 놀이를 한다.
  "하나, 둘, 셋, 넷, 4박자에 맞추어 무릎 치고 손뼉 치고 오른손 엄지 척! 왼손 엄지 척!"
  - 동치미 팀이 먼저 시작하는 경우, 시작 팀인 동치미 팀이 무릎 치고 손뼉을 친 다음 '동치미!'라고 팀 이름을 외치며 '동치미' 표현을 한다. 다시 무릎 치고 손뼉 치고 '배추김치!' 표현을 하며 다른 팀을 외친다.
  - 배추김치 팀은 바로 자기 팀 표현을 하며 '배추김치!'를 외치고, 다른 '깍두기' 팀 표현을 하며 '깍두기!' 팀 이름을 부른다.
- 이때 틀린 팀은 미션 바구니에서 종이를 뽑아 내용에 따라 미션을 수행한다.

놀이 풍경

하나, 둘, 셋, 넷,
김치 이름 대기!

하나, 둘, 동치미!
배추김치, 받아라~

하나, 둘, 배추김치!
깍두기, 받아라~

틀린 팀은 어떤 미션을 할까?

📖 놀이를 마무리하며

『김치가 최고야』는 오래된 집안에서 대대로 내려오는 김치 담는 비법을 전수하듯, 초보 엄마들에게 김치 담는 방법을 자세히 알려 준다. 채소들의 모습과 김치 담그는 과정을 오동포동, 동글탱글, 토실토실, 길쭉길쭉, 조물조물, 버물버물 같은 의태어로 재미있게 표현하여, 직접 김치를 담는 듯 생생함이 느껴진다.

백김치 담그기를 할 때 한 아이가 고추가 들어가지 않는다는 걸 발견했다. 김치를 직접 담가 보며 아이들은 김치에 어떤 재료가 들어가는지 알게 된다. 김치의 종류가 다양하고, 김치가 숙성되면서 나오는 유산균이 우리 몸에 좋은 영양소라는 것도 알게 된다. 무엇보다 김치를 담는 과정이 쉽지 않다는 것을 느끼며, 김치의 소중함을 배운다.

'남생아 놀아라, 촐래촐래 잘 논다' 전래 놀이를 변형하여 '김치야 놀아라' 놀이를 해 보았다. 아이들은 쑥스러워하면서도 어깨춤을 추고 김치의 모양을 살려 춤으로 표현하며 즐겁게 시간을 보냈다. 김치 이름 대기 놀이에서 팀끼리 단합할 때는 호흡이 척척 맞았다. 이어서 '강강술래'에 맞춰 '건강 김치 될래' 몸 놀이도 하였다. 아이들은 "건강 김치 될래!" 하며 손에 손을 잡고 돌거나 안으로 들어갔다 밖으로 나왔다 하며 좋아하는 김치 이름을 대면 "건강 김치 돼라!" 하며 건강을 기원해 주었다.

그림책을 읽고 김치를 담그고 놀이를 하며, 아이들은 김치마다 고유의 맛이 있다는 묵은지 할머니의 연륜이 묻어나는 지혜를 배우게 된다. 김치 종류마다, 혹은 같은 김치여도 각자 다른 모양에 다른 맛이 나듯 우리 아이들도 서로 다름을 인정하고 존중해야 한다는 것을 조금이나마 알게 되었을 것이다.

함께 읽으면 좋은 그림책

『김치 특공대』 최재숙 글, 김이조 그림, 책읽는곰

『왜 왜 왜 김치가 좋을까?』, 이흔 글, 이광익 그림, 웅진주니어

『김장하는 날』 안선모 글, 조헌주 그림, 엔이키즈

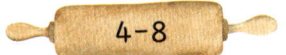

나온다,
나와!

길쭉길쭉 가래떡! 따끈따끈 가래떡! 미끌미끌 가래떡! 그림책 앞표지만 보아도 가래떡이 어떻게 생겼는지 바로 알 수 있습니다. 하얗고 길쭉한 가래떡에 호기심을 갖고 앞표지를 넘기면 면지부터 이야기가 시작됩니다. 가래떡이 어떻게 만들어지는지 그 과정이 면지 그림에 나오지요.

사이다 글·그림
반달

『가래떡』은 그림을 한 장 한 장 넘길 때마다 가래떡의 변신이 궁금해지는 책입니다. 특히 가래떡을 나타내는 의성어, 의태어가 가래떡의 모습을 재미있고 경쾌하게 그려내 저절로 흥이 나고 어깨가 들썩거려집니다. 마지막 면지까지 가래떡 이야기가 숨어 있어 상상의 나래를 마음껏 펼칠 수 있습니다.

우리의 전통 음식인 가래떡! 요즘 아이들에겐 다소 낯설 수 있지만, 가래떡의 매력이 돋보이는 이 그림책을 읽다 보면 빨리 가래떡을 만나고 싶은 마음이 절로 듭니다.

📖 그림책 펼치기

- '가래떡이 만들어지는 과정' 동영상을 시청한 다음, 함께 이야기 나눠 본다.

  "가래떡을 본 적이 있나요?"

  "가래떡은 어떻게 만들까요?"

- 그림책 앞표지를 보며 이야기 나눈다.

  "그림을 살펴봅시다. 무엇이 보이나요?"

  "가래떡은 어떻게 생겼을까요?"

- 그림책을 감상하고 함께 이야기 나눠 본다.

  "나온다, 나와! 무엇이 나올까요?"

  "다 함께 그림을 보며 소리를 내어 볼까요?"

  (예 : 길쭉길쭉! 미끌미끌! 구불텅구불텅!)

  "이번에는 방금 전 소리에 맞춰 몸으로 표현해 볼까요?"

  (그림책의 마지막 장면을 보여 주며) "꿀의 맛을 상상하며 우리도 꿀을 먹어 볼까요? 어떤 맛인가요?"

  "가래떡으로 어떤 요리를 할 수 있을까요?"

오감이 열리는 읽어 주기 Tip

- 그림책을 읽는 것 자체가 놀이가 될 수 있도록 가래떡을 표현하는 의성어, 의태어가 나오면 높낮이를 달리하여 리듬감 있게 들려준다.
- 이 그림책은 그림을 중심으로 이야기가 전개된다. 왼쪽 그림을 잘 보여 주며 오른쪽에 실린 간결한 글을 반복하여 재미있고 경쾌하게 들려준다.
- 아이들이 호기심을 갖고 그림책의 소리나 모양을 흉내 내거나 몸으로 표현하도록 도와준다.
- 마지막 장면에 나오는 '꿀'에 포인트를 두어 교시기 "꿀!" 하면서 아이들에게 꿀을 주는 모습을 표현하면, 아이들은 꿀을 맛보는 표정을 지어 본다.

그냥 가래떡도 좋지만, 돌돌 말아 가래떡

길쭉길쭉 가래떡을 잘라 여러 재료로 돌돌 말아 봅니다. 알록달록하게 변신한 가래떡! 눈으로 맛을 상상하고, 입으로 음미해 봅니다. 입안에, 내 마음에 여러 가지 맛이 남습니다.

요리 재료와 도구
- 20cm 길이의 가래떡 2개, 슬라이스 치즈 2장, 도시락 조미 김 2장, 베이컨 두 줄, 플라스틱 칼, 프라이팬, 뒤집개, 위생 장갑

요리 Tip
- 가래떡이 딱딱할 경우, 끓는 물에 데쳐서 말랑하게 만든 뒤 사용한다.
- 가래떡을 싸는 재료는 아이들 기호에 따라 추가할 수 있다.

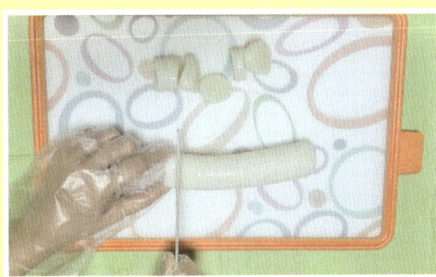

1 가래떡의 생김새를 살펴본 다음, 플라스틱 칼로 먹기 좋게 자른다.

2 슬라이스 치즈를 반으로 잘라, 그 위에 가래떡을 올려놓고 돌돌 만다.

3 조미 김을 반으로 잘라, 그 위에 가래떡을 올려놓고 돌돌 만다.

4 베이컨을 반으로 자른 다음, 그 위에 가래떡을 돌돌 말아 프라이팬에 굽는다.

백업 가래떡 악기 연주

의성어, 의태어가 재미있는지 아이들이 『가래떡』에 나오는 단어를 읊조리거나 노래처럼 흥얼거립니다. 어떤 아이는 점토로 가래떡을 만들어 소꿉용 칼로 자른 뒤, 소꿉용 칼로 '탁탁 탁탁' 두드리면서 악기처럼 연주를 합니다. 다양한 방법으로 연주해 보도록 가래떡을 닮은 백업으로 악기 연주를 해보았답니다. 어떤 소리가 날까요?

놀이 도구   20cm 길이의 백업(지름 2cm) 2개씩, 동요, 화이트보드, 보드 마카

놀이 즐기기

- 백업 2개를 살펴본 뒤, 어떤 소리가 나는지 자유롭게 두드려 본다.
  (예 : 백업 가래떡을 책상에 두드리기, 백업 가래떡끼리 비비기, 세워서 두드리기)
- 백업 가래떡을 다양한 방법으로 두드려 본 다음, 어떤 소리가 나는지 말해 본다.
- 아이들과 함께 백업 가래떡으로 만들고 싶은 소리를 정하고, '가래떡, 가래떡!' 구음에 맞춰 악기를 연주해 본다.
  ('가래떡, 가래떡!' 구음 예)

  가래떡, 가래떡! 쿵쿵쿵! 가래떡, 가래떡! 통통통! 가래떡, 가래떡! 톡톡톡!
  가래떡, 가래떡! 탁탁탁! 가래떡, 가래떡! 슥슥슥! 가래떡, 가래떡! 스르르!
- 백업 가래떡으로 만들고 싶은 소리를 기호로 만들어 화이트보드에 적은 다음, 간단한 동요 음악에 맞춰 기호를 보며 악기 연주를 해본다.
- 악기 연주를 한 느낌을 말해 본다.

오감을 깨우는 놀이 Tip

- 처음에는 한 가지 종류로 악기 놀이를 하다가, 점차 익숙해지면 두꺼운 종이, 쿠킹 포일 속심, 휴지 속심 등 다양한 재료로 가래떡을 만들어 악기 연주를 한다.

놀이 풍경

백업 가래떡을
자유롭게 두드려 보자.

쿵쿵쿵!
구음에 맞춰 두드려 보자.

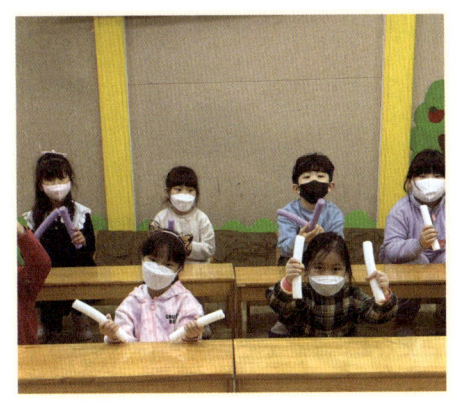

'가래떡, 가래떡!' 구음에
소리 기호를 만들어 보자.

음악에 맞춰
백업 가래떡으로 연주해 보자!

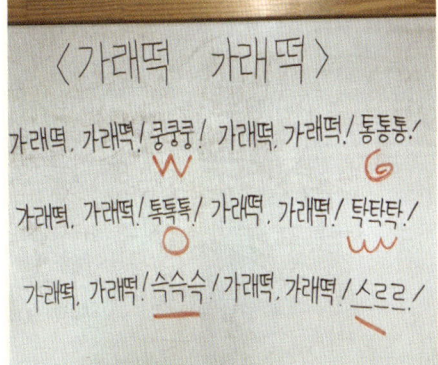

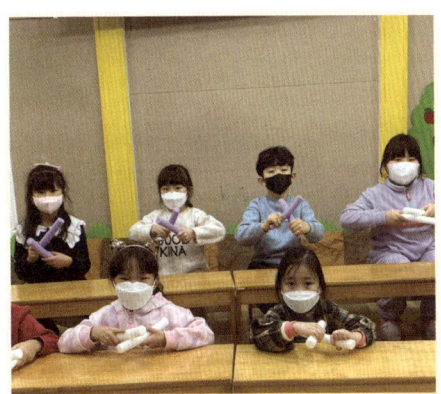

길쭉길쭉 구불텅구불텅 가래떡 체조

『가래떡』에 나오는 의성어와 의태어는 흥을 돋우어, 리듬에 맞춰 가래떡의 모습을 몸으로 표현하고 싶은 마음이 들게 합니다. 그래서 아이들과 함께 만든 가래떡 체조! 체조를 통해 다양한 어휘를 경험하고, 말의 재미를 느끼게 됩니다.

놀이 즐기기

- 『가래떡』을 다시 한 번 감상하며 소리나 모양을 나타내는 말을 찾아본다.
- 『가래떡』에서 찾은 소리, 모양을 나타내는 말을 동작으로 표현해 본다.

  "그림책에서 어떤 말이 가장 재미있었나요?"

  "소리, 모양을 나타내는 말 중에서 가장 기억에 남는 말은 무엇인가요?"

  "길쭉길쭉(폴짝폴짝, 미끌미끌, 탁탁탁 등)을 몸으로 표현한다면 어떻게 표현하고 싶나요?"

- 소리, 모양을 나타내는 말들 중 체조에 넣고 싶은 말을 아이들과 함께 선택한 다음, 가래떡 체조 동작을 만들어 본다.

  "가래떡 체조에 어떤 말을 넣고 싶나요?"

  "이 단어는 몸으로 어떻게 표현할까요?"

  ('나온다, 나와! 가래떡 체조' 예)

  나온다, 나와! 길쭉길쭉! 나온다, 나와! 구불텅구불텅!

  나온다, 나와! 미끌미끌! 나온다, 나와! 풍덩!

  나온다, 나와! 폴짝폴짝! 나온다, 나와! 탁탁탁!

> **오감을 깨우는 놀이 Tip**
> - 아이들과 함께 의성어, 의태어를 바꾸어서 매일 다르게 가래떡 체조 놀이를 할 수 있다.

놀이 풍경

'길쭉길쭉'은 이렇게 표현할 거야! '미끌미끌'은 이렇게 표현할 거야!

다 함께 '나온다, 나와!'를 친구들과 함께하는 가래떡 체조!
몸으로 표현해 보자.

4부 / 특별한 날의 초대

📖 놀이를 마무리하며

『가래떡』은 가래떡의 모습을 길쭉길쭉, 구불텅구불텅, 탁탁탁 등 다양한 의성어와 의태어로 표현한 그림책이라 더욱 아이들의 흥미를 끈다. 아이들은 '나온다, 나와!'를 반복할 때마다 무엇이 나올까 기대하며 눈을 동그랗게 뜨고 그림책을 들여다보았다. 그림책을 감상한 뒤에도 가장 기억에 남는 말을 읊조리며 어깨를 들썩거렸다. 그래서 백업을 준비하여 아이들과 함께 악기 연주를 하고, 가래떡 체조를 만들어 몸으로 동작을 해 보았다.

아이들은 백업으로 소리를 내는 것에 무척 흥미를 보였다. 백업끼리 부딪쳐도 보고, 친구의 백업 가래떡과 길게 연결하여 같이 소리를 내며 악기 연주도 하였다. 놀이 중에 백업으로 친구 머리를 툭툭 치는 아이가 있어, 친구를 불편하게 하지 않고 즐겁게 연주하는 방법에 대해 의논하고 백업으로 할 수 있는 것과 하지 말아야 할 것을 구분하였다. 그 뒤로는 모든 친구들이 즐겁게 놀이할 수 있었는데, '쿵쿵쿵, 톡톡톡, 탁탁탁' 소리에 맞춰 가래떡을 'ㄴ' 자로 만들어 두드리기, 팔을 'X' 자로 만들어 두드리기, 가래떡끼리 부딪치기 등 다양한 방법으로 연주하며 신나는 시간을 보냈다.

그림책에 나오는 어휘로 체조를 만드는 것이 재미있었는지 아이들은 "길쭉길쭉은 팔을 쭉쭉 늘려야 해요", "'나온다, 나와!' 할 때는 발을 앞으로 갔다 뒤로 갔다 하고 싶어요" 하고 적극 의견을 내놓으며 '가래떡 체조' 동작을 만들었다.

가래떡을 소재로 악기 연주를 하고 체조도 하면서 아이들은 자연스럽게 다양한 어휘를 경험한다. 또 자신이 경험한 것을 즐겁게 표현하면서 말의 재미를 느끼게 된다. 몰입의 즐거움과 배움의 기쁨을 느끼는 시간이었다.

함께 읽으면 좋은 그림책

『떡이 최고야』 김난지 글, 최나미 그림, 천개의바람

『찰떡 쿵떡』 윤구병 글, 김근희 그림, 보리

감수의 글

의, 식, 주는 사람이 살아가는 데 꼭 필요한 기본 요건입니다. 그중에서도 음식은 인간에게 균형 잡힌 영양을 공급하여 생명 활동의 근원을 이루는 동시에 먹는 즐거움을 줍니다. 우리나라 속담에 '밥보다 더 좋은 보약은 없다'는 말이 있습니다. 서양에서도 비슷한 생각을 하였는데, 히포크라테스의 어록에 '약식동원(藥食同源)'이라는 말이 있습니다. 약과 음식은 한 뿌리로, 음식으로 고칠 수 없는 질병은 의사도 못 고친다는 것입니다. 즉, 먹는 음식이 바르지 못하면 몸과 마음에 병이 나고, 병이 나도 음식을 바르게 먹으면 병을 예방 치료할 수 있다고 봅니다.

유아기의 아이들은 특히, 신체의 성장과 뇌 기능에 좋은 음식을 섭취하는 것이 중요합니다(표 1 참고). 어릴 적에 먹는 균형 잡힌 좋은 음식은 몸과 마음이 건강한 성인으로 성장하고 질 높은 삶을 살아가는 데 큰 영향을 줍니다. 요즘 아이들은 맛을 내거나 보존을 위하여 식품첨가물(화학적 합성 물질)을 혼합하여 만드는 간편식과 인스턴트 음식에 익숙합니다. 이런 음식을 장기간 섭취하면 건강에 도움이 되지 않기 때문에, 유아기 때부터 건강에 도움이 되는 자연의 재료로 만든 음식을 섭취하도록 권합니다.

그런 의미에서 이 책에 실린 요리와 음식 이야기를 담은 그림책으로 아이들과 요리하고 놀이하며 나누는 다채로운 소통은 그 의미가 뜻깊습니다. 그림책으로 풍성한 음식의 세상을 보여 주고 함께 요리하고 놀이하는 활동을 하는 동안 편식을 하거나 낯선 음식을 싫어하는 아이들도 몸에 좋은 건강한 식재료를 친숙하게 여기고 먹어 보려는 시도를 하게 되겠지요. 또 음식 이야기가 담긴 그림책을 읽고 요리를 직접 해보고 놀이하며 아이들은 모양과 빛깔이 저마다 다른 아름다운 상상의 꽃을 피울 것입니다.

이 책에는 32개의 요리 활동이 나와 있습니다. 모든 요리는 아이들이 섭취하면 좋은 식재료를 포함하거나 음식에 관심을 가질 수 있도록 쉽고 재미있는 요리 방법이 담겨 있습니다. 우리 전통 음식부터 아이들이 즐기는 음식까지 책에 나온 다양한 요리 활동에는 서양의 식재료들도 들어 있습니다. 아이들의 음식을 만들거나 아이와 요리를 할 때는 자연에서 나온 식재료로 만든 전통 음식을 적극 추천하지만, 아이들에게 다양한 음식을 맛보는 경험도 중요하므로 서양의 식재료를 무조건 배제하기보다 음식의 성질을 잘 이해하여 적절히 조절할 것을 권합니다.

다만, 서양의 식재료들은 화학 성분에 따른 영양과 기호를 중시하기 때문에 화학적 합성 물질을 혼합하는 경우가 적지 않습니다. 오랜 기간 섭취하면 여러 종류의 질병에 노출되기 쉽다는 점을 기억하고, 가능한 식품첨가물이 첨가되지 않은 식재료들을 섭취하는 것이 좋겠습니다. 요리 활동에 쓰인 식재료들의 성질, 맛, 귀경, 성분, 효능을 책에 실린 순서에 따라 표로 정리하였으니 참고하여 일상에서도 다양하게 활용해 보시기를 바랍니다(표 3 참고).

한 가지 더 주의할 점은, 편식을 하거나 낯선 음식을 싫어하는 아이들에게 특정 음식을 강요하지 않는 것입니다. 한의학에서는 편식을 하거나 낯선 음식을 싫어하는 것을, 여러 가지 원인이 있지만 대부분 비장과 위장 기능이 저하된 것으로 봅니다. 아이들에게 음식을 강요하기보다 평소에 비장과 위장에 좋은 식재료를 기억해 두고 자연스럽게 섭취하도록 하면 도움이 될 것입니다(표 2 참조).

미래를 책임질 우리 아이들을 키우는 훌륭한 교육 자료로서 전혀 손색이 없는 이 책을 통해 요리와 음식으로 아이들과 공감할 수 있는 그림책들을 마음껏 만나시길 바랍니다. 그림책을 읽고 요리하고 놀이하며 아이들과 즐겁게 마음이 통하시길 바랍니다. 더불어, 음식의 성질을 잘 살피고 고려하여 음식을 먹는 우리 아이들이 씩씩하게 자랄 수 있도록 건강한 밥상을 힘내어 차려 주시기를 바랍니다.

경희사이버대학교 한방건강관리학과
교수 김선규

표 1.

<키 크는 데 도움이 되는 식재료>

생복분자, 생오미자, 오징어, 표고버섯, 파인애플, 구기자, 마

<뇌 기능을 활성시키는 식재료>

잣, 포도, 용안육, 밤

표 2.

<비장과 위장에 좋은 식재료>

달걀, 우유, 파프리카, 딸기, 망고, 키위, 파인애플, 소고기, 돼지고기, 염소 고기, 감자, 메주콩, 완두콩, 작두콩, 누에콩, 두부, 콩나물, 생강, 옥수수, 당근, 연근, 양파, 오이, 호박, 가지, 바나나, 대추, 사과, 고구마, 토마토, 콩나물, 김치, 무, 된장, 닭 가슴살, 오리고기, 메추리알, 시금치, 마늘, 포도, 토란, 조기, 낙지, 흑설탕

표 3.

<재료의 성질, 맛, 귀경, 성분, 효능>(책에 실린 순서)

재료명	성	맛	귀경	성분 및 효능
달걀	노른자:평범 흰자:서늘	달다	심·폐·비·신	단백질(면역력 증강), 루테인(시력), 불포화지방산(성장, 뇌 기능), 인지질(기억력), 올레산(피부)
버터	약간 차다	달다	심·폐	비타민D(면역력), 어린이 성장 발육, 심·폐·위·장을 보함, 모발을 윤택, 기침을 멎게 함
우유	약간 차다	달다	심·폐·위	트립토판(불면증), 유당(장 내 유익균), 칼슘(뼈와 치아), 피부와 장 윤택, 생진, 영양 불량, 기운을 보함
토마토케첩	서늘하다	달고 시다	간·비·위	리코펜(항산화 작용, 노화 예방), 엽산(빈혈), 비타민C(감기, 피부), 토마틴(노화 억제, 소화, 이뇨)
밀가루	따뜻하다	달다	심·비	니아신(모발과 피부 윤택, 뇌 기능 증진), 기력, 안신, 오장을 도움
설탕	평범하다	달다	비·폐	보비윤폐생진, 기력, 살균 작용, 맛을 부여함

베이킹파우더	따뜻하다	떫고 달다	심·비	탄산수소나트륨(신장 기능, 충치, 치아 침식 예방, 항염증, 연화, 소화), 소암모늄명반(팽창제)
소금	차다	짜다	위·신·대·소	나트륨(해독, 풍미 증진), 음식의 색을 보존, 살균 방부 작용, 해독
단호박	따뜻하다	달다	비·위	비타민C(면역, 감기), 포도당(뇌 기능 증진), 코발트(빈혈), 불포화지방산(비만), 산후 부종, 해독
치즈	평범하다	달다	폐	비타민A(시력), 칼슘과 인(뼈와 치아), 비타민B(학습 능력), 카제인(충치), 글루탐산(바이러스 억제)
파프리카	따뜻하다	맵고 달다	폐·심·비	베타카로틴과 비타민C(항산화, 발암 물질 억제), 안토시아닌(항암), 철분과 칼륨(짜증을 풀어 줌)
감자	평범하다	달다	위·대장	비타민C(피부 미용), 비타민B군(모발), 칼륨(치매), 니아신(동맥경화), 원기 회복, 기력, 장수 식품
딸기잼	서늘하다	달다	비·위	펙틴(정장 작용), 비타민C(피부 미용), 엘라그산(항암), 자일리톨(충치 예방), 철분과 엽산(빈혈), 안토시아닌(항산화, 노화, 피로), 청량지갈
소고기	따뜻하다	달다	비·위	철분(빈혈), 리신(성장 촉진), 칼니틴(체중 감소), 허리와 다리를 강하게 함, 기력, 치매 예방
콩가루	평범하다	달다	비·위·대장	칼슘과 인(골다공증, 소아 구루병, 신경 쇠약), 철(성장 발육), 필수 아미노산(비만), 불포화지방산(탈모 예방), 이소플라본(갱년기 장애), 해독, 당뇨병
간장	차다	짜다	비·위·신	후라논(항산화), 청열해독, 오장을 보함, 속이 타고 괴로운 것을 풀어 줌, 면역 증진
맛술	매우 따뜻하다	달고 쓰다	심·간·폐·위	산한활혈, 잡내 제거, 방부 작용, 약효 성분이 잘 녹아 여러 곳에 빠르게 전달함
후추	뜨겁다	맵다	위·간·대장	차비신(구충건위), 속을 따뜻하게 하고 가슴을 시원하게 함, 발한, 해독, 소화 불량, 치통
옥수수	평범하다	달다	위·신·대장	마그네슘(장벽 운동 증진), 비타민B군(체지방 감소, 신진대사), 아미노산(활력), 제아젠틴(시력)
햄	평범하다	달고 짜다	비·위·신	식욕 촉진, 기혈을 보함, 비장과 신장을 보함, 기력
마요네즈	평범하다	달다	폐·비·신	불포화지방산(혈중 지질 저하), 레시틴(기억력), 비타민A와 비타민E(항산화, 동맥경화, 노화), 루테인(시력), 식욕 촉진, 해독
검정깨	평범하다	달다	간·비·신·대장	불포화지방산(장수), 비타민E(면역 증진, 항산화, 피부 미용), 보혈, 어지러움증, 변비, 이명, 명목
당근	평범하다	달다	폐·비·간	카로틴(항산화, 노화, 시력, 피부), 칼륨(고혈압), 펙틴(수은 배출), 청열해독, 기침, 가래, 기력, 수은 중독
오이	서늘하다	달다	폐·비·위	마그네슘(미용), 시트룰린(항산화, 혈류), 쿠쿠르비타신(항암), 청열해독, 다이어트, 주름, 술독 제거

수박	서늘하다	달다	심·위·방광	칼륨(고혈압), 시트룰린과 아르기닌(부종, 이뇨), 리코펜(항산화, 노화), 리놀레산(동맥경화), 갈증
요구르트	평범하다	달다	폐·위	요오드(신진대사), 칼슘(골다공증), 비타민 B12(뇌 건강), 고단백(신체 조직 성장), 프로바이오틱스(장 내 유익균)
블루베리	서늘하다	달다	심·대장	안토시아닌(시력, 항산화), 베타카로틴과 비타민 E(노화), 식이섬유(장 활동 조절), 항암, 면역 증강
바나나	서늘하다	달다	폐·위	폴리페놀(면역력), 당질(뇌 영양), 식이섬유(장 내 유익균 활성화), 멜라토닌(신상 완화), 우울증, 청열
호두	따뜻하다	달다	폐·신·대장	불포화지방산(뇌 기능 증진, 지혜), 알파리놀렌산(혈전과 동맥경화 예방), 멜라토닌(불면증)
대추	따뜻하다	달다	비·위·심	기력, 안신, 불면증, 빈혈, 면역 증강, 노화 억제, 체중 증가, 간장 보호, 근력 증강
찹쌀	따뜻하다	달다	폐·비·위	기력, 기허지한
멥쌀	평범하다	달다	비·위·폐	전분(뇌와 몸의 에너지원), 저항성 전분(식은밥;다이어트), 기운을 보함
물엿	따뜻하다	달다	비·위·폐	기력, 윤폐지해, 온중보허
빵	평범하다	달다	심·비	식이섬유(비만 예방), 전분(소화 흡수)
사과	서늘하다	달다	비·위·심	펙틴(장 내 노폐물 제거), 안토시닌(노화), 아연(기억력, 성장 촉진), 비타민C(피부, 면역), 기력
고구마	평범하다	달다	비·신	식이섬유(장 내 노폐물 제거), 비타민C와 비타민 E(피부, 노화), 안토시닌(항산화), 야라핀(위, 변비), 기력, 얼굴색을 좋게 함
맛살	평범하다	달다	간·비	단백질(간 기능, 모발·손톱·발톱 성장 촉진), 비타민B12(뇌 기능 증진), 비타민A(시력), 청열해독, 숙취
귤	평범하다	달고 시다	폐·위	비타민C(면역, 감기), 크립토잔틴(항산화), 루틴(혈류 개선), 시네프린(코막힘), 식욕 촉진, 갈증
토마토	서늘하다	달다	간·비·위	리코펜(항산화, 항암, 노화), 엽산(빈혈), 구연산(식욕 촉진), 비타민C(감기, 피부), 토마틴(소화)
두부	서늘하다	달다	비·위·대장	이소플라본(중성지방 감소, 갱년기, 골다공증, 노화), 콜린(치매 예방), 기력, 해독, 비만
콩나물	평범하다	달다	간·비·위	아스파라긴산(숙취 해소), 비타민C(감기, 면역), 청열, 제습, 부종, 키 크는 데 도움
쪽파	따뜻하다	맵다	폐·위	발한, 해독, 살충, 양통

피망	따뜻하다	달다	폐·간·신	피라진(혈류 개선), 베타카로틴(항산화), 식이섬유(변비), 칼륨(혈압 조절), 비타민C, P(피부 미용)
배추	평범하다	달다	위	칼륨(부종), 식이섬유(다이어트), 이소티오시아네이트(항산화, 항암, 노화), 술독, 열을 내림
무	서늘하다	달고 맵다	폐·위	이소티오시아네이트(항암), 디아스타아제(소화), 칼슘(골다공증), 가래, 술독, 전염병 예방, 비만
비트	평범하다	달다	간·위	베타닌(항산화), 안토시아닌(시력, 항산화), 간보
대파	따뜻하다	맵다	폐·위	알리신(감기 예방, 잡내 제거, 피로, 혈전 예방), 파오일(항균, 살균, 발열, 발한, 냉증), 눈과 귀를 밝게 함
고추	뜨겁다	맵다	심·비	캡사이신(신진대사, 지방 축척 억제, 식욕 증진, 소화 촉진), 항암, 항균, 속을 따뜻하게 하고 냉기 발산
멸치액젓	평범하다	달다	비	단백질과 핵산(뇌 기능 강화, 성장 발육), DHA와 EPA(기억력, 집중력), 미네랄(뼈와 치아를 튼튼하게 함), 글루타민산(감칠맛, 시원한 맛), 하유
된장	차다	달고 짜다	비·위·신·소장	유산균, 단백질, 해독, 관절통, 간 보호, 항암, 중풍, 동맥경화증, 면역력 증진
물	평범하다	달다	비·신	염소(이명, 체중 감소), 칼슘(성장 발육 촉진, 안정), 입 냄새 제거, 얼굴색을 좋게 함, 머리와 눈을 맑게 함
김	서늘하다	달고 짜다	폐·비·방광	철분(어린이 성장, 빈혈), 단백질(감염병 예방), 베타카로틴(항산화), 비타민E(동맥경화), 면역 증강
초고추장	뜨겁다	맵다	심·비	캡사이신(다이어트, 매운맛, 항균), 온중건위, 관절산통, 식욕 증진, 생선 비린내 제거
참기름	서늘하다	달다	대장경	불포화지방산(혈액 순환), 비타민E(냉증, 피부, 면역, 난자 발육), 윤장통변, 간신보호, 해독
닭 가슴살	따뜻하다	달다	비·위	칼리틴(혈류 개선, 근육 피로, 저지방(체중 감소), 니아신(스트레스), 기력, 정신적 피로
식초	따뜻하다	시다	간·위	활혈산어, 개위소식, 해독, 식욕 촉진, 잡내 제거
참치	평범하다	달다	간·신	니아신(신경 보호, 스트레스 해소), EPA(혈액 순환), DHA(뇌신경 발육 촉진), 셀렌(항산화, 혈관 노화 억제), 철분(빈혈)
사골 육수	따뜻하다	달다	비·위	칼슘(어린이 성장 발육, 치아 성장 촉진, 정신 안정), 비타민D(골격과 치아 형성, 면역 증강, 골다공증)
양지	따뜻하다	달다	비·위	필수 아미노산(어린이 성장 발육), 비타민A와 B(눈을 밝게 함)
상추	서늘하다	달고 쓰다	위·대장	락투신(신경 안정), 쿼르세틴(심장 보호), 청열해독, 통유, 치아 미백, 명목, 부종

시금치	서늘하다	달다	간·위·장	철분과 엽산(빈혈), 베타카로틴(항산화), 비타민E(노화, 정력), 청열제번, 야맹증, 통변, 당뇨, 고혈압
미역	차다	짜다	간·위·신	요오드(발육 촉진), 알긴산(콜레스테롤 저하, 변비), 칼슘과 비타민K(골다공증), 티록신과 요오드(신진대사), 라미닌(고혈압), 미용과 비만에 좋음
메추리알	평범하다	달다	폐·비·위	레시틴(기억력, 피부), 라이신(성장 촉진), 시스틴(연골, 피부), 기혈 보함, 강신건뇌, 영양 불량, 건망
갓	따뜻하다	맵다	폐·위	시니그린(향기와 매운맛), 기력, 찬 기운 발산, 기침
양파	따뜻하다	달고 맵다	폐	유화아릴(혈액 순환, 살균), 비타민B1(피로), 퀠세틴(항산화, 노화, 고혈압), 건위, 해독, 심혈관
마늘	따뜻하다	맵다	폐·비·위	알리신(체력 향상, 고혈압, 식욕 촉진, 살균, 항암), 스콜지닌(혈액 순환), 비만, 고지혈증, 천연 항생제
생복분자	약간 따뜻하다	달고 시다	간·신·방광	칼슘(성장 촉진), 인(성장 촉진, 뼈와 치아를 튼튼하게 함), 칼륨(성장 촉진), 눈을 밝게 함
생오미자	따뜻하다	달고 시다	폐·심·신	칼슘(성장 촉진), 인(성장 촉진, 치아를 튼튼하게 함), 칼륨(성장 촉진), 지질(성장 촉진, 면역 증진)
오징어	평범하다	짜다	간·신	레티놀(성장 촉진, 면역 증강, 명목), 비타민B2(성장 촉진, 식욕 촉진), 의지력 증강
표고버섯	평범하다	달다	간·위	엽산(성장 촉진, 인지 능력, 면역 증진), 불포화지방산(성장기 어린이 발육 촉진, 뇌 기능 촉진)
파인애플	평범하다	달다	위·신	필수 지방산(성장 촉진, 면역 증강, 학습 능력), 칼륨(성장 촉진, 식욕 촉진)
구기자	평범하다	달다	폐·간·신	단백질(성장 촉진, 뇌 기능 활성화, 면역 증진), 요오드(성장 촉진, 지능 발달), 엽산(인지 능력, 우울증)
마	평범하다	달다	폐·비·신	필수 지방산(성장 촉진, 학습 능력 향상, 두뇌 발달, 면역 증진), 사포닌(기억력, 면역 증진), 의지력, 근골 튼튼하게 함
잣	따뜻하다	달다	간·폐·대장	지질(뇌 기능 증진, 시각 기능 증진), 필수 지방산(인지력 증진, 학습 능력 증진, 면역력 증진)
포도	평범하다	달다	폐·비·신	아연(뇌 기능 증진, 면역 증진), 포도당(뇌의 유일한 영양소, 집중력), 레시틴(기억력 증진)
용안육	평범하다	달다	심·비	포도당(뇌의 유일한 영양소, 집중력 증진), 명목안신, 항방사선
밤	따뜻하다	달다	비·신	불포화지방산(성장 촉진, 뇌 기능 증진), 판토텐산(뇌 기능 증진, 면역 증진), 엽산(뇌 발육, 인지 능력)

<표에 나온 용어 해설>

- 성(性) : 음식의 성이 평범한 식재료는 신체가 평범한 사람이 먹으면 좋고, 음식의 성이 따뜻한 식재료는 신체가 찬 사람이 먹으면 좋고, 음식의 성이 찬 식재료는 신체가 따뜻한 사람이 먹으면 좋다.
- 맛 : 매운맛은 속 열을 내리고 땀이 나게 한다. 혈액 순환이 잘 되게 한다. 단맛은 근육을 풀어 주고 기운이 나게 하며 신체를 보한다. 신맛은 기침을 멈추게 하고, 쓴맛은 열을 내리고 마음을 안정시키며 소화를 돕는다. 짠맛은 변을 잘 보게 하고 신장을 보하며 기운이 나게 한다.
- 귀경 : 약재 또는 식재료의 성질과 효능이 체내의 특정 부위, 오장 육부, 또는 특정 경락에 현저하게 선택적인 작용을 하는데, 이를 귀경(歸經)이라고 한다.
  (예) 폐가 약하여 감기가 자주 걸리면 폐경으로 들어가는 식재료를 먹는다.
- 오장(五臟) : 간장, 심장, 비장, 폐장, 신장.
- 육부(六腑) : 대장, 소장, 위장, 담낭, 방광, 삼초.
- 간 : 간장경, 심 : 심장경, 비 : 비장경, 폐 : 폐장경, 신 : 신장경, 대 : 대장경, 소 : 소장경, 위 : 위장경, 담 : 담낭경, 방광 : 방광경, 삼초 : 삼초경.
- 생진(生津) : 진액을 생성한다.
- 항산화(抗酸化) : 산화를 막는다.
- 기력(氣力) : 정신과 육체의 힘.
- 안신(安神) : 정신을 안정시킨다.
- 보비윤폐생진(補脾潤肺生津) : 비장을 보하고 폐를 윤택하게 하여 진액을 생성한다.
- 연화(軟化) : 부드럽게 한다.
- 청량지갈(淸涼止渴) : 산뜻하고 시원하며 갈증을 멈추게 한다.
- 청열해독(淸熱解毒) : 해독 작용을 하고 열을 내린다.
- 산한활혈(散寒活血) : 찬 기운을 발산하고 혈액 순환이 잘 되게 한다.
- 구충건위(驅蟲健胃) : 기생충을 없애고 위를 튼튼하게 한다.
- 보혈(補血) : 혈을 보한다.
- 이명(耳鳴) : 귀에서 매미 우는 소리 혹은 기타 여러 종류의 소리가 나는 느낌이 드는 것.

- 명목(明目) : 눈을 밝게 한다.
- 발한(發汗) : 몸의 온도를 조절하여 병을 다스리려고 땀을 내보내는 것.
- 기허지한(氣虛止汗) : 기가 허하여 나는 땀을 멈추게 한다.
- 윤폐지해(潤肺止咳) : 폐를 윤택하게 하고 기침을 멈추게 한다.
- 온중보허(溫中補虛) : 속을 따뜻하게 하고 허한 것을 보한다.
- 제습(除濕) : 습기를 제거함.
- 양통(陽通) : 양기를 잘 통하게 한다.
- 혈전(血栓) : 혈관 안에서 피가 굳어진 덩어리.
- 온중건위(溫中健胃) : 속을 따뜻하게 하고 위장을 튼튼하게 한다.
- 관절산통(關節疝痛) : 관절과 아랫배 통증.
- 윤장통변(潤腸通便) : 장을 윤택하게 하고 변을 잘 통하게 한다.
- 간신보호(肝腎保護) : 간장과 신장을 보호한다.
- 활혈산어(活血散瘀) : 혈액 순환을 잘 되게 하여 어혈을 풀어 준다.
- 개위소식(開胃消食) : 식욕을 증진시키고 먹은 음식이 소화가 잘 되게 한다.
- 통유(通乳) : 젖을 잘 나오게 한다.
- 치아미백(齒牙美白) : 치아를 희고 아름답게 한다.
- 청열제번(淸熱除煩) : 속이 상하고 번거로운 것을 제거하고 열을 내린다.
- 강신건뇌(强腎健腦) : 신장을 강하게 하고 뇌를 튼튼하게 한다.
- 건위(健胃) : 위장을 튼튼하게 한다.
- 명목안신(明目安神) : 눈을 밝게 하고 정신을 안정시킨다.

• 교육과실천이 펴낸 책들 •

유치원 학급운영 어떻게 할까?

뿌리 깊은 유치원 교사 연구회 지음

유치원 학급운영을 고민하는 교사들에게 교실 환경 구성에서 모둠 운영까지, 등원 지도에서 귀가 지도까지, 문제해결을 위한 기술에서 학부모 상담까지 학급운영을 위한 모든 것을 알려준다.

슬기로운 유치원 생활

김진희, 이미영, 이여빈, 홍표선, 이은주 지음

갑자기 찾아온 코로나19 상황, 감염병을 지혜롭게 이겨내기 위한 방법을 안내하기 위해 여러 유아교육 기관과 가정에서 실천했던 좋은 사례를 모았다.

놀이로 풀어보는 유치원 학급운영

정유진, 정나라 지음

'황금의 5주' 3월을 위한 놀이 중심 학급운영. 유치원 일 년 학급운영의 기초가 되는 기본생활습관 지도를 위한 다양한 활동과 팁, 친밀감을 높이는 관계형성놀이 그리고 3월이 시작되기 전 교사의 마음가짐과 준비할 것들을 소개한다.

놀이중심 교육과정

정나라, 정유진 지음

유아의 놀이를 지원해줄 수 있는 연간, 월간, 주간교육계획 수록! 실제 사례로 살펴보는 놀이중심 교육과정의 의미와 궁금증에 대한 해답, 놀이 속 교사의 역할과 기록을 담았다.

놀이중심 교육과정 119

정유진, 정나라 지음

현장에서 유아들과 함께 생활하는 두 선생님의 생생한 경험이 담긴 일화를 수록함으로써 놀이에 대한 이론과 실제를 함께 다룬다. 또한 유아와 교사의 관점만이 아니라 학부모의 입장에서 유아·놀이중심 교육과정에 대한 이해를 돕도록 생생한 사례들을 담고 있다.

교육을 가로막는 벽

김성환, 정재석, 박기황, 이필규, 오스티나 강 지음

교사가 오로지 학생들을 위한 교육에만 전념할 수 없는 이유는 무엇인지, 어떻게 하면 교사와 관리자, 행정실, 교육청, 교육지원청이 한마음으로 학생 성장이라는 하나의 목표를 위해 협업할 수 있는지, 그런 환경과 문화를 만들려면 어떻게 달라져야 하는지를 묻고 답한다.

진짜 이기적인 교사

이지명, 이병희, 이진희, 최종철, 홍석노, 이대성 지음

협력에 대한 정(正)-반(反)-합(合)으로 쓰는 새로운 학교문법.
이 책에서 저자들은 협력의 걸림돌의 근본적 원인을 일상적으로 느낄 수 있는 실존적 불안에서 찾았고, 협력의 변증법을 대안으로 제시한다.

그림책 성교육

김경란, 신석희 지음

성교육의 중요성과 필요성은 누구나 공감하지만, 다양한 가치관 앞에서 무엇을 어떻게 가르쳐야 할지 고민이 생기고, 수업으로 이어지기까지 망설여지기도 한다. 그렇다고 성교육을 멈출 수는 없다. '성교육'을 그림책을 통해 편안하고 친근하게 접근할 수 있게 안내한다.

교사의 시선

김태현 지음

'교사의 시선'으로 교사가 매일 경험하는 일상, 그 보통의 하루가 가지는 가치를 깊이 들여다본다. 시선, 심미안, 메시지, 커뮤니티, 콘텐츠, 디자인으로 교사의 삶을 만나보자. 그리고 교사이기 이전에 한 인간으로서 겪어야 하는 보편적인 고통에 대해서도 생각해본다.

그림책 학급운영

그림책사랑교사모임 지음

평화로운 학급을 위해서는 학급 구성원 간의 관계가 중요하다. 관계를 형성하려면 대화가 이루어져야 하는데, 그러려면 먼저 마음을 열어야 한다. 이 책은 그 해답으로 '그림책'을 제시한다.

그림책 학급운영 2

그림책사랑교사모임 지음

『그림책 학급운영』의 두 번째 책으로, 지면의 한계로 이전에 미처 다루지 못한 학급의 중요한 연간 활동을 추가로 소개하고, 그림책으로 아이들과 상담한 사례를 소개한다.

그림책으로 펼치는 회복적 생활교육

황진희 지음

1년 동안 학급에서 아이들과 함께 24권의 그림책을 읽으며 '회복적 생활교육'을 실천한 사례를 담았다. 이 책에는 아이들이 그림책을 읽고 얻은 깨달음이 일상의 학교생활로 이어지도록 한 일련의 과정이 자연스럽게 드러나 있다.

초등독서수업 끝판왕

전 6권

학생들에게 있어 독서 능력은 변화하는 미래 세계에 잘 적응하고 대처할 수 있는 기초 체력입니다. 학습의 튼튼한 기초 체력은 꾸준한 독서 습관, 생각하는 힘, 함께하는 즐거운 책 읽기가 어우러질 때 비로소 완성됩니다. 이 책에서 이 3가지 모두를 조화롭게 경험할 수 있습니다.

> 각 독서협회 및 기관이 선정한 수상 도서와 추천도서 엄선
> 학년별 특성에 맞는 다양한 활동과 바로 뽑아 쓰는 '독서 활동지'
> 하브루타, 온 작품 읽기, 한 학기 한 권 읽기 만능 가이드

초등독서수업 끝판왕 • 1학년 | 228쪽 | 15,000원
초등독서수업 끝판왕 • 2학년 | 228쪽 | 15,000원
초등독서수업 끝판왕 • 3학년 | 220쪽 | 15,000원
초등독서수업 끝판왕 • 4학년 | 224쪽 | 15,000원
초등독서수업 끝판왕 • 5학년 | 256쪽 | 16,000원
초등독서수업 끝판왕 • 6학년 | 288쪽 | 17,000원